债务融资工具
注册发行操作手册
(2018)

主　编　谢　多
副主编　冯光华

中国金融出版社

责任编辑:王雪珂
责任校对:李俊英
责任印制:丁淮宾

图书在版编目(CIP)数据

债务融资工具注册发行操作手册(Zhaiwu Rongzi Gongju Zhuce Faxing Caozuo Shouce).2018/谢多主编,冯光华副主编.—北京:中国金融出版社,2018.4

ISBN 978-7-5049-9208-6

Ⅰ.①债… Ⅱ.①谢… Ⅲ.①企业债务—企业融资—手册 Ⅳ.①F275.1-62

中国版本图书馆CIP数据核字(2017)第232879号

出版 中国金融出版社
发行
社址　北京市丰台区益泽路2号
市场开发部　　(010)63266347,63805472,63439533(传真)
网上书店　http://www.chinafph.com
　　　　　　(010)63286832,63365686(传真)
读者服务部　　(010)66070833,62568380
邮编　100071
经销　新华书店
印刷　北京市松源印刷有限公司
尺寸　169毫米×239毫米
印张　7
字数　80千
版次　2018年4月第1版
印次　2018年4月第1次印刷
定价　39.00元
ISBN 978-7-5049-9208-6
如出现印装错误本社负责调换　联系电话(010)63263947

《债务融资工具注册发行操作手册（2018）》编委会

主　　编：谢　多

副 主 编：冯光华

编委成员：（按姓氏笔画排列）

丁俊杰　万泰雷　马　跃　王　天　王永涛

王宇光　乔汉青　李　坤　李芳竹　李松梁

季　吉　邱　杰　邵　诚　杜俊生　余　聪

张嘉洋　张　樊　陈　晨　侯晓霞　郭潇潇

徐　光　袁雅存　高　静　崔小秋　韩　宁

潘　鑫　薛天扬

序　言

作为多层次资本市场的重要组成部分，债券市场是金融市场的重要基石，是衡量一国金融市场发达程度的重要标志。近年来，党中央、国务院高度重视金融市场发展，先后出台了一系列鼓励债券市场发展的政策措施，推动债券市场持续蓬勃发展。截至2017年9月末，我国债券市场各类债券存续总规模居世界第三位（71.86万亿元），公司信用类债券规模居世界第二位（16.75万亿元）。债券市场的健康蓬勃发展，对于优化社会融资结构，降低社会融资成本，分散银行体系潜在风险，提高资源配置效率和有效传导货币政策发挥了重要作用。

中国银行间市场交易商协会（以下简称交易商协会或协会）自2007年9月成立以来，认真贯彻落实党中央、国务院系列政策精神，集市场成员之智慧，在推动公司信用类债券市场自律、创新、服务方面进行了大胆地探索，建立以注册制为核心的市场化自律管理模式，大力推进银行间市场规范与创新，激发了债务资本市场的内生活力。截至2017年末，债务融资工具累计发行30万亿元，存续规模8.6万亿元，切实拓宽了企业融资渠道，降低了企业融资成本，有力地支持了实体经济发展。

在促进市场平稳发展的前提下，交易商协会不断适应市场的新变化和新特点，按照"以监管共识为前提、以服务实体为根本、以契合市场为保障"的原则，推动服务实体经济，提高融资便利和节约融资成本的机制和制度创新，进一步释放改革红利，促进市场升级发展。

自2014年底以来，交易商协会组织市场成员经过一年多时间反复研究论证，进一步丰富注册制在我国债务融资工具市场发展中的内涵和外延，修订完成《非金融企业债务融资工具注册发行规则》等制度，在公开发行中，初步构建"分层分类"注册发行管理体系，对不同类别企业、不同类型产品实行差异化的注册评议流程，搭建了立体式、差异化的信息披露架构，完善了事中、事后管理相结合的自律管理方式；在定向发行中，引入专项机构投资人制度，初步实现定向投资人结构性分层，进一步提升定向发行便利性，构建与投资人分层相适应的制度安排，搭建以基础性规则、工作规程、信息披露表格体系和定向发行协议等各项文本为支撑，层次丰富、权责清晰、流程规范、运作高效的定向发行制度体系。实践证明，以公开发行和定向发行为支撑的双轨注册发行管理体系很好地适应了市场发展升级的需要，有效地提升了债务融资工具注册发行工作的效率和质量，更好地服务了会员、市场和实体经济发展。

同时，协会顺应市场发展规律，立足各时期国家社会经济环境和宏观调控需要，积极推动以实体经济需求为导向的产品创新。目前，银行间债券市场初步形成了多层次、链环式、可组合债务融资工具产品工具箱。工具箱中，既包括短期融资券、超短期融资券、中期票据、资产支持票据、项目收益票据等支撑型基础序列产品，也包括熊猫债、永续票据、并购票据、定向可转换票据、供应链融资票据、创投企业债务融资工具、绿色债务融资工具、双创专项债务融资工具、扶贫票据等引领型创新序列产品，能够较好地满足投资人和发行人的多元化投融资需求。此外，协会坚决贯彻党中央国务院重大决策部署，认真落实"三去一降一补"五大任务，助力供给侧结构性改革，积极推进京津冀协同发展、"一带一路"建设、精准扶贫等战略落实工作，推出扶贫票据等创新工作，积极引导社会资金流向国家重大发展战略涉及的重点领域及薄弱环节。

党的十九大报告提出要深化金融体制改革，增强金融服务实体经济能力，提高直接融资比重，促进多层次资本市场健康发展，守住不发生系统性金融风险的底线。交易商协会将继续认真落实金融工作会议精神以及中央关于债券市场发展的总体规划，在人民银行的正确指导下，坚持稳中求进工作总基调，贯彻落实新发展理念，充分发挥广大市场成员的智慧和力量，不断推进以实体经济需求为导向的银行间债券市场产品创新、制度创新和机制创新，不断完善债务融资工具注册发行、后续管理及交易规范规则体系，更好地发挥债务融资工具市场在服务实体经济、防控金融风险、深化金融改革等方面的积极作用。

2018年1月

目录 CONTENTS

一、协会及债务融资工具市场发展简况 ········· 1

  （一）交易商协会基本情况 ········· 2
    1.协会简介 ········· 2
    2.协会成立背景 ········· 3
    3.协会发展目标 ········· 5
    4.协会组织架构 ········· 5
  （二）债务融资工具市场发展简况 ········· 7
    1.市场规模 ········· 7
    2.产品序列 ········· 8
    3.融资功能 ········· 8
    4.落实政策 ········· 10
    5.投资主体 ········· 13
  （三）债务融资工具注册发行理念 ········· 14
  （四）注册制的发展 ········· 17

二、债务融资工具注册评议流程 ········· 20

  （一）公开发行注册评议工作流程 ········· 21
    1. 分层分类管理介绍 ········· 21
    2.具体注册评议 ········· 24
  （二）定向发行注册评议工作流程 ········· 37
    1.投资人分层管理机制 ········· 37
    2.具体注册核对 ········· 38

（三）《投资人保护条款范例》 ··· 49
　　1.基本情况 ··· 49
　　2.主要内容 ··· 50
　　3.重要特征 ··· 50
　　4.操作要点 ··· 51

三、债务融资工具发行流程 ·· 53
（一）分层分类发行机制 ··· 54
（二）具体发行流程 ··· 55
（三）集中簿记建档系统 ··· 58
　　1.什么是"集中簿记建档系统" ··· 58
　　2.集中簿记建档系统有哪些功能 ·· 58
　　3.集中簿记建档系统的意义和作用 ····································· 59
（四）定向发行及后续环节 ··· 60

四、债务融资工具产品介绍 ·· 62
（一）基础序列产品 ··· 64
　　1.短期融资券 ··· 64
　　2.中期票据 ··· 65
　　3.超短期融资券 ·· 66
　　4.资产支持票据 ·· 67
　　5.项目收益票据 ·· 69

目录 CONTENTS

（二）升级创新产品 …………………………………………… 71
  1.熊猫债 …………………………………………………… 71
  2.永续票据 ………………………………………………… 72
  3.并购票据 ………………………………………………… 73
  4.创投企业债务融资工具 ………………………………… 75
  5.绿色债务融资工具 ……………………………………… 76
（三）其他创新产品 …………………………………………… 78
  1.扶贫票据 ………………………………………………… 78
  2.双创专项债务融资工具 ………………………………… 80
  3.社会效应债券 …………………………………………… 81
  4.债务融资工具通过"债券通"面向境外投资者发行 …… 83
  5.定向可转换票据 ………………………………………… 84
  6.供应链融资票据 ………………………………………… 85

五、信息系统建设 …………………………………………… 87
（一）公开发行产品孔雀开屏系统 …………………………… 88
  1.系统研发背景 …………………………………………… 88
  2.系统功能简介 …………………………………………… 88
（二）定向发行产品孔雀开屏系统 …………………………… 91
  1.系统研发背景 …………………………………………… 91
  2.系统功能简介 …………………………………………… 91

（三）综合服务信息系统 ·· 94
    1.系统研发背景 ··· 94
    2.系统功能简介 ··· 94

附表 ··· 96
后记 ··· 98

一、协会及债务融资工具市场发展简况

（一）交易商协会基本情况

1. 协会简介

中国银行间市场交易商协会经国务院同意、民政部批准于2007年9月3日成立，是全国性的非营利性社会团体法人，其业务主管部门为中国人民银行。协会是由市场参与者自愿组成的对包括银行间债券市场、拆借市场、外汇市场、票据市场、黄金市场、场外金融衍生品市场在内的银行间市场各子市场进行自律管理的自律组织。

协会自成立以来，汇聚市场成员力量及智慧，秉持"自律、创新、服务"的宗旨，加强行业自律，践行市场化发展理念，大力推动银行间市场规范与创新，优化多层次债券市场体系。按照市场化、专业化的原则，确立了以注册制为核心的债券发行市场化管理制度，构建了参与主体丰富、发行方式多样、产品结构完整的债务融资工具市场体系，有效发挥了对实体经济的支持作用。

截至2017年12月31日，协会共有会员6 322家，其中基础设施机构5家，金融性中介机构（主承销商、承销商、特殊功能机构、评级公司、担保公司）162家，非金融性中介机构（会计事务所、律师事务所、资产评估公司）582家，投资人会员1 600家，发行人会员3845家，其他（金币类会员、其他机构）117家，个人会员11名,初步成为跨市场、跨领域、跨行业的新型自律组织。

2. 协会成立背景

■ **转变政府管理方式的需要**

党的十六大以来,党中央、国务院多次要求"转变政府经济管理职能,深化行政审批制度改革,切实把政府经济管理职能转到主要为市场主体服务和创造良好发展环境上来。"2007年5月13日国务院办公厅发布了《国务院办公厅关于加快推进行业协会商会改革和发展的若干意见》,明确了自律组织改革发展的指导思想与总体要求,强调要"积极拓展行业协会的职能,各级人民政府及其部门要进一步转变职能,把适宜于行业协会行使的职能委托或转移给行业协会";重申要加强市场自律,并明确"行政执法与行业自律相结合,是完善市场监管体制的重要内容"。党中央一系列政策,为改善和加强金融监管、鼓励和推进金融创新指明了方向,为设立自律组织、开展自律管理准备了政策环境。

■ **人民银行主要职能转化的需要**

2003年底,《中华人民共和国中国人民银行法》的修订,确定中国人民银行作为中央银行的法定地位和职责,明确银行间债券市场由人民银行负责监督管理。中国人民银行为更好履行中央银行制定货币政策、进行宏观调控和维护金融稳定的三大职责,同时作为银行间债券市场监管者做好债券市场总体发展规划、体制机制完善、系统性风险防范、违法违规行政监管等工作,2007年9月,人民银行推动成立由机构投资者共同组成的市场自律组织,将进行自律管理、开展市场创新、服务市场成员等适宜由市场去做的事情交由自律组织去办，自身则集中精力做好银行间债券市场的长远规划和基础制度建设。

■ 市场发展的内在需要

长期以来，我国社会融资体系存在直接融资与间接融资不平衡、直接融资中债权融资与股权融资不平衡、直接债权融资中公司信用类债券与利率类债券发展不平衡的问题。随着市场发展不断深化，市场产品和参与者类型不断丰富，市场机制和基础设施逐步完善，依靠市场自身的"内生动力"实现发展的条件已经具备，客观上需要更多地发挥市场的主动性和能动性，使市场发展由粗放式发展转向精细化发展、从量的积累上升到质的提高，完善市场自我约束激励机制，实现市场发展由量到质的转变。

■ 自律组织特有属性所决定

自律管理是对市场主体自律行为的监督和管理，自律管理和行政监管在动因、实施范围、维护的社会关系、管理灵活性、社会影响等方面有所不同，自律管理是对政府行政管理方式的有效补充。市场自律组织一方面代表着市场成员的利益，真切地了解市场发展的需求、理解市场主体的切实利益所在，贴近市场而能超脱于市场个体利益；另一方面又承接着政府部门管理市场的意图，联系政府与市场发挥上传下达的作用，可以有效引导市场需求与国家战略相结合，实现政策战略与市场需求更高层次的统一与和谐。

3. 协会发展目标

协会始终秉承以创新为主题、以发展为目标、以自律为手段、以服务实体经济为根本理念，通过不懈努力和探索实践，努力实现成为"跨市场、跨领域、跨行业"典范的新型自律组织，在我国经济金融发展和改革的历史进程中，成为中国场外金融市场先进理念的倡导者和传播者、管理方式改革的探索者和实践者、创新的引领者和组织者、相关标准的制定者和推广者、国际化的推动者和参与者。

4. 协会组织架构

协会的组织机构包括会员代表大会、理事会、常务理事会、监事会和秘书处。协会按照现代社会组织体制要求，采用会员民主决策机制。协会会员包括单位会员和个人会员，银行间债券市场、拆借市场、外汇市场、票据市场、黄金市场和场外金融衍生品市场的参与者、中介机构及相关领域的从业人员和专家学者均可自愿申请成为协会会员。

为了更好发挥专家议事制度在银行间市场自律管理中的作用，协会按照市场的需要设立了9个专业委员会及1个标准业务工作组，分别是债券专业委员会、金融衍生品专业委员会、信用评级专业委员会、经纪业务专业委员会、金币市场专业委员会、法律专业委员会、会计专业委员会、资产证券化暨结构化融资专业委员会、从业人员培训专家委员会以及银行间市场业务标准工作组。通过发挥各专业委员会作用提高自律管理的系统性和专业性,提升银行间市场各项管理措施的公信力。

（二）债务融资工具市场发展简况

1. 市场规模

自2008年以来，经协会注册的非金融企业债务融资工具规模逐年快速增长，注册金额从2008年末的0.7万亿元增长到2017年末的31.7万亿元，项目数量从2008年末的153个增长到2017年末的11 942个。截至2017年末，全年发行债务融资工具企业1 303家，存续期企业2 231家；债务融资工具2017年新发行量、累计发行规模、存量规模分别为4.1万亿元、30万亿元、8.6万亿元，分别占我国公司信用类债券市场的71.7%、71.5%、46.7%，银行间债券市场成为我国非金融企业直接债务融资的主板市场。

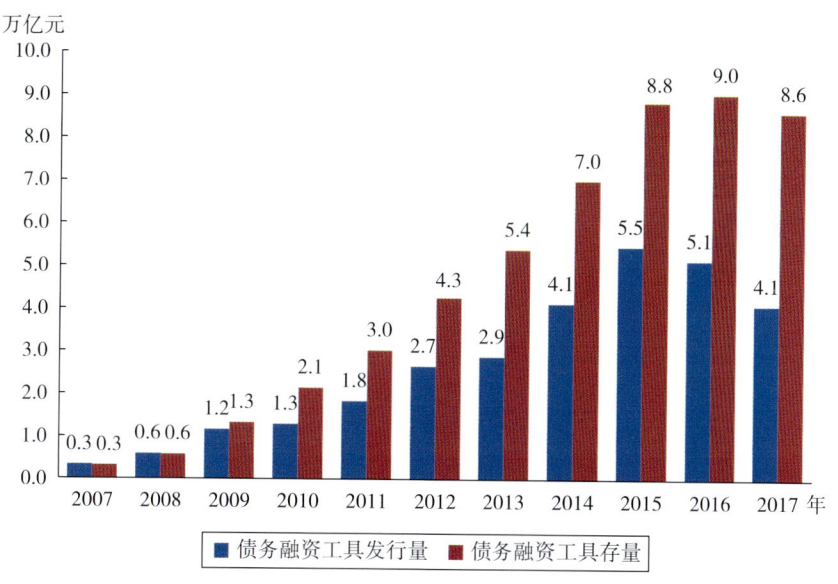

图1-1　2007年以来债务融资工具市场发行情况

2. 产品序列

交易商协会成立以来，积极推动产品创新，不断丰富债务融资工具产品序列。目前，银行间债券市场初步形成了多层次、链环式、可组合债务融资工具产品工具箱。工具箱中，既包括短期融资券、超短期融资券、中期票据、资产支持票据、项目收益票据等支撑型基础序列产品，也包括熊猫债、永续票据、并购票据、定向可转换票据、供应链融资票据、创投企业债务融资工具、绿色债务融资工具、双创专项债务融资工具、扶贫票据等引领型创新序列产品，还可以通过结构化、信用增进、内嵌期权、浮动利息和多币种设计等多种技术，对基础产品、创新产品进行深耕细作和组合创新。"基础序列产品+创新武器"的多层次产品体系，涵盖不同发行期限、不同募集资金用途、不同增信方式、不同境内外发行主体、不同计息方式，能够有效满足发行人、投资人的多元化投融资需求。

3. 融资功能

债务融资工具直接对接企业和投资者，有效缩短了企业融资链条，进一步降低了企业融资成本，并通过支持大中型企业融资，为小微企业腾挪信贷和有关金融资源。2017年以来，协会积极发挥债务融资工具落实国家产业政策、传导货币政策方面的重要作用，严守风险底线，创新工作机制，当年实现市场发行金额和存量余额同比维持稳定的良性态势，有效发挥金融服务实体经济发展的积极作用。

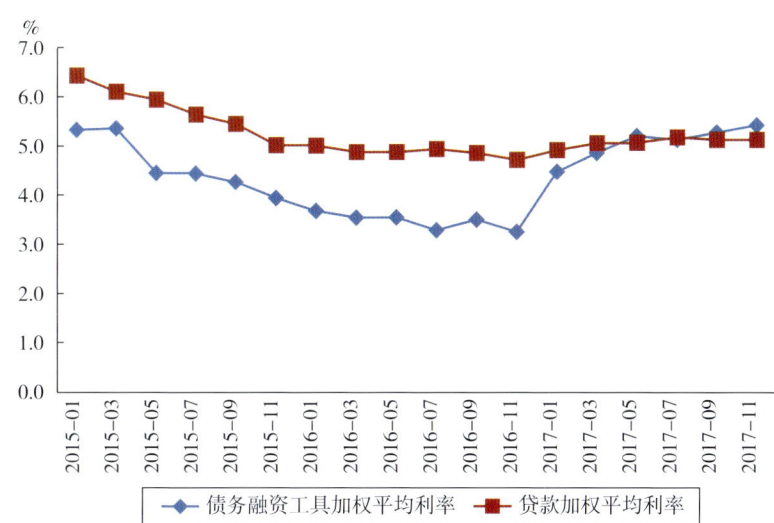

数据来源：中国人民银行调查统计司，中国银行间市场交易商协会。

图1-2 债务融资工具与贷款加权平均利率比较

从地区分布看，2017年，中央企业及部属企业除外，江苏、山东、北京、浙江、广东、山西、上海等七省市的企业在发行家数及发行金额方面合计约占一半，与地区经济金融发展水平基本相符。发行企业数量超过10家、发行金额在100亿元以上的省份分别达到26个、29个，各省份（自治区、直辖市）分布均衡。

从行业分布看，2017年，能源、交通运输、城建企业在规模上占比较大，其余各行业的发展规模和企业数量在上年基础上略有增减，基本保持稳定。

从发行企业结构看，民营企业发行规模占比上升，2017年民营企业债务融资工具的发行金额占比为12.4%，上升2.3个百分点。从数量上看，越来越多的非公实体经济积极参与到债务融资工具市场中，充分利用直接融资便利,获得有利的外部发展环境。

4.落实政策

（1）支持"一带一路"建设,服务国家整体对外开放战略

协会累计支持福建、新疆、广西注册债务融资工具2.30万亿元,助力推进"一带一路"核心区域、战略支点、开放门户建设；累计支持港口机场类企业注册债务融资工具6 754.7亿元,重点支持新疆机场、厦门翔业等企业发行7只债务融资工具,募集资金专项用于"一带一路"基础设施互联互通项目,为打造陆海空内外联通、东西双向开放的全面开放新格局夯实基础；支持波兰和匈牙利等"一带一路"沿线国家,以及招商局港口、普洛斯洛华等境外企业发行熊猫债用于"一带一路"相关项目建设。

（2）服务京津冀发展战略,助推区域协调发展

协会紧抓疏解北京非首都功能的"牛鼻子",积极支持唐山曹妃甸发展集团、首都机场集团、北京能源集团等企业发行债务融资工具,落实产业转移、交通一体化、节能环保等多方面重点任务。完成中国雄安建设投资集团有限公司定向永续债务融资工具注册。累计支持京津冀地区284家企业（不含央企及子公司）注册债务融资工具1 238只,注册金额1.99万亿元。其中,2017年京津冀协同发展债务融资工具共注册12只,金额370.9亿元。

（3）服务"长江经济带"战略，推动长江经济带发展

协会对募集资金用于长江经济带沿线生态保护、综合立体交通走廊建设、产业优化发展等项目给予重点支持。截至2017年末，共支持长江经济带沿线11个省市发行债务融资工具8.47万亿元，助力提高长江经济带沿线生态、经济、社会效益，多措并举服务国家重大战略。

（4）积极推进普惠金融发展，助力经济结构优化升级

协会不断提高金融服务普惠性，持续拓展市场服务广度，2017年新增413家企业接受注册，首次注册家数占比三成以上；新增332家首次发行债务融资工具的企业，增长幅度超过10%；对部分新兴制造业、电子商务、文化创意行业融资实现零突破。同时，积极贯彻落实"十三五"国家战略性新兴产业发展规划，为服务"中国制造2025"战略理念，支持节能环保、新兴信息产业、生物产业、新能源、新能源汽车、高端装备制造业、新材料等战略新兴产业融资1.1万亿元；为拓展供给亮点，着力补齐经济短板，促进文化资源与文化产业有机融合，累计接受103家文化行业企业注册债务融资工具238只，注册金额合计3 502.3亿元；支持纺织、船舶制造、汽车、石化等十大振兴产业融资8 673.4亿元；支持现代服务业融资9 123.9亿元。

（5）服务改善民生，统筹城乡和区域发展

2017年，协会共支持涉及新型城镇化基础设施建设业务的企业发行债务融资工具4 371.4亿元，将资金用于水利、公路、管道、物流等基础设施网络建设，助力构建大中小城市和小城镇协调发展的城镇格局，推动区域经济协调发展；为贯彻国家关于保障性安居工程的最新政策，支持13省市发行353.8亿元保障房债务融资工具，共121个保障房项目建设，其中棚改项目105个，支持保障房建设套数16.58万套，其中涉及棚改套数8.59万套；为"三农"企业和中小企业提供融资便利，支持"涉农"企业融资987.6亿元；支持陕西、新疆等西部十二省份融资4 955.1亿元，助力解决国家区域发展不均衡。

（6）充分发挥"三方合作"机制优势，促进地方金融生态建设

截至2017年末，协会已完成与全国34个省、自治区、直辖市、计划单列市及新疆生产建设兵团的备忘录签署工作。在合作备忘录框架下，包括支持保障性安居工程建设等在内的多项"落地项目"在各地推广实施，形成推动经济建设、城市发展的合力。2017年上半年，在已有"三方合作"框架基础之上，与北京、天津、河北、四川、湖北等地开展进一步深化合作，打造备忘录升级版。2017年3月，先后与四川、湖北当地人民银行分支机构、金融办（局）签署《借助银行间市场助推四川省经济发展深化合作备忘录》及《借助银行间市场助推湖北省经济发展深化合作备忘录》，并协助推动中债信用增进公司与四川发展融资担保股份有限公司签署战略合作备忘录，协助相关业务部门推动双创专项债务融资工具等创新产品在四川、湖北先行先试。2017年4月，为贯彻落实《京津冀协同发展规划纲要》，协会与北京、天津、河北三地人民银行分支机构及金融局（办）共同签署《借助银行间市场助推京津冀协同发展战略合作协议》，借助银行间市场为京津冀协同发展创造良好条件，切实服务协同战略落实、支持实体经济发展。

5. 投资主体

截至2017年末，债务融资工具现券交易量约为14.0万亿元，较2016年减少11.9万亿元。交易主体方面，债务融资工具持有人结构进一步分散化，银行类投资主体占比持续下降，改变了风险过度集中于银行体系的状况，有效分散了债券市场风险。截至2017年末，非法人产品持有占比为70.2%，为债务融资工具的最大投资者；银行类金融机构持有占比为22.2%，较上年末下降了近2个百分点。

（三）债务融资工具注册发行理念

近年来，在人民银行的指导下，协会积极推动我国债券市场发行管理方式的市场化，对债务融资工具发行实施注册制管理。按照市场化、法制化、专业化、公开化原则，将企业能不能发债、能发多少债、以什么价格发债、什么时间发债等事项，更多地交由市场去决定，协会对注册材料仅作形式上的评议，不做投资价值与风险判断。在坚持注册制理念、市场化运作前提下，债务融资工具市场逐步构建起以公开发行和定向发行双轨发行制度为基础、以规则指引文件和具体工作机制为支撑、以信息系统建设为保障，层次丰富、权责清晰、流程规范、运作有效的注册发行工作制度体系。

注册制的内涵：一是以发行人信息披露为核心。注册制要求发行人作为第一责任人，按照诚实信用的原则，真实、准确、完整、及时地在债券发行与存续期间充分披露信息，并对所披露的信息承担相应的法律责任。二是以中介机构尽职履责为基础。主承销商、评级机构、会计师事务所、律师事务所等相关中介机构需尽职履责，辅导发行人做好信息披露工作，为投资者提供高质量的独立、客观、专业意见，维护市场规范发展。三是以投资者风险自担为前提。投资者获取充分信息后作出投资判断，投资者的收益与风险完全取决于投资者自身的价值判断、风险偏好与承担能力，投资者自主投资、自担风险。四是以协会注册评议为程序。协会作为市场自律服务机构，通过公平、公开、公正的制度设计，督促发行人履行义务，督导中介机构尽职履责，保护投资者合法权益；由注册专家召开注册会议，对发行人信息披露的真实、准确、完整、及时性进行评议，不对债券的投资价值进行实质性判断。五是以市场自律管理为保障。为保障市场的有效运行，协会作为市场自律组织，对市场的发行交易行为进行自律管理，通过不断完善自律规则体系、丰富自律管理手段，逐步建立健全协会自律管理与市场自我约束的内外联动的管理框架，推动市场持续健康有序发展。

图1-3　注册制理念

注册制树立了市场化的运作理念，有效避免了过去信用类债券市场"一管就死、一放就乱"的困境，客观上要求各类金融机构加快业务模式的创新，拓展了广大市场成员参与市场发展的需求，极大地激发了债券市场的内在发展活力。

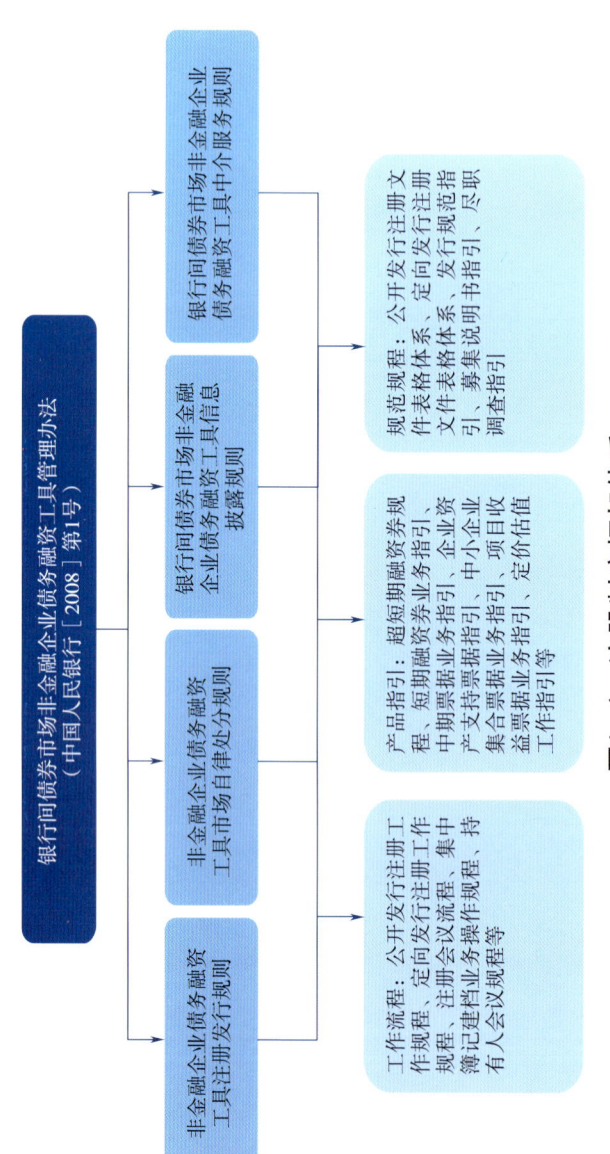

图1-4 注册制框架体系

（四）注册制的发展

随着发行主体日益丰富、存量规模持续增长、产品类型逐步增多，债务融资工具市场的深度和广度不断拓展，现行制度体系中的部分流程和要求在一定程度上制约了市场和业务的发展，主要体现在：很多信息披露成熟、投资人熟知的发行人反复报送内容基本一致的文件，由协会反复进行评议，在一定程度上影响了注册工作效率；对表格体系的多次修订补充在细化信息披露要求的同时，也造成注册文件的可读性、简洁性略有下降；前期制度流程和信息披露优化工作的系统性、集成度有所欠缺，制约了实际执行效果。为进一步丰富和完善注册的内涵和外延，提升债务融资工具市场的整体竞争力，协会组织市场成员在坚持"以信息披露为核心"的前提下，按照"简化、优化、强化、细化"的原则[①]，从"机制流程、信息披露、管理方式"三个方面不断丰富注册制的内涵和外延，深化"事中、事后管理相结合"的自律管理方式。

公开发行中，进一步拓展注册制的实现形式，引入"分层分类"注册发行管理制度，提高注册工作效率，切实加强风险防范。"主体分层"方面，按照市场化、规范化、透明化的原则，从主体资质、信息披露成熟度、合规性等角度遴选分层指标，将发行人分为第一类企

---

① 一是简化、优化注册发行流程，但不降低注册发行自律管理的基本要求；二是简化、优化信息披露表格体系，但不降低风险揭示的标准；三是强化、细化风险行业、企业、事项的信息披露要求，加强对投资人合法权益的保护；四是强化对主承销商等中介机构的日常评议管理，细化对注册发行相关人员的工作要求。

业、第二类企业进行管理。在整体注册发行机制流程和信息披露优化基础上，第一类企业将比第二类企业享受更多的注册发行便利。"产品分类"方面，对结构化品种及特殊用途品种，如资产支持票据、项目收益票据、并购票据等进行分类管理，在常规产品基础上适当增加针对性的信息披露要求，设计差异化的储架发行要求。同时，为适应"分层分类"优化管理的新需求，通过系统梳理注册发行信息披露要求，对各类表格进行分类、归纳、汇总，搭建了差异化、立体式的信息披露架构，实现了从发行方式、发行主体、工作流程、发行频率、注册品种等五个维度满足不同类别、不同环节、不同产品、不同情形的信息披露要求，在减少了重复冗余信息披露的同时，强化了重要事项等风险揭示披露要求，有助于发行人、投资人等市场参与各方简洁、快速、高效使用信息，进一步提高了市场运行效率。

定向发行中，进一步优化注册制理念在定向发行中的实现形式，在银行间市场合格机构投资人多元化、层次化发展的基础上，引入专项机构投资人制度，发布专项机构投资人名单，从投资人管理的维度，初步实现定向投资人结构性分层，构建与定向投资人分层相适应的多层次制度体系。根据投资人的市场投资经验、风险识别能力和市场参与深度的不同，将定向投资人分为专项机构投资人[①]和特定机构

---

① 专项机构投资人是指除具有丰富的债券市场投资经验和风险识别能力外，还熟悉定向债务融资工具风险特征和投资流程，具有承担风险的意愿和能力，自愿接受交易商协会自律管理，履行会员义务的合格机构投资人群体。专项机构投资人由交易商协会按照市场化原则，根据常务理事会确定的程序遴选确定并在交易商协会认可的网站公告。

投资人[①]，形成定向募集方式和定向协议方式的分层注册发行安排。企业在银行间市场面向专项机构投资人和特定机构投资人定向发行债务融资工具的，采用定向募集方式编制定向募集说明书，进一步提升注册发行便利；仅向特定机构投资人定向发行债务融资工具的，采用定向协议方式，由相关各方签署定向发行协议后发行，为企业在信息披露的内容和时间上提供更为灵活的约定机制。同时，从强化投资者保护的角度，借鉴公开发行表格体系最新建设成果，按定向募集和定向协议两种发行方式制定"双母表+子表"的表格体系，在不降低关键信息披露要求的基础上减少冗余信息，进一步强化企业财务信息披露要求，优化发行人基本情况披露要求，对特定事项和情形也分别制定子表格，搭建差异化、立体式的定向发行信息披露架构，进一步拓展定向发行便捷高效的特征，提升定向发行的功能。

[①] 特定机构投资人，是指了解并能够识别某发行人定向发行的特定债务融资工具风险特征和投资流程，具有承担该债务融资工具投资风险的意愿和能力，自愿接受交易商协会自律管理，履行会员义务的合格机构投资人。特定机构投资人由企业和主承销商遴选确定。

二、债务融资工具注册评议流程

协会针对公开发行与定向发行，根据不同产品特点，实行差异化的注册评议流程。

（一）公开发行注册评议工作流程

公开发行注册评议工作流程主要分为注册文件准备、注册文件受理、注册文件预评、注册会议评议、发送《接受注册通知书》、注册有效期内重大事项处理等环节。

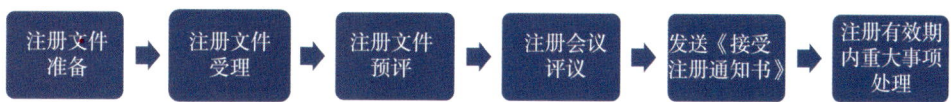

图2-1　公开发行注册评议流程

1. 分层分类管理介绍

（1）注册模式

协会对公开发行债务融资工具实行"主体分层、产品分类"的注册发行管理体系，按照市场化、规范化、透明化的原则，搭建了一套简洁清晰、操作性强的分层标准体系，同时按照常规产品、特殊产品等维度对产品进行区分，设计针对性的评议流程和信息披露要求。

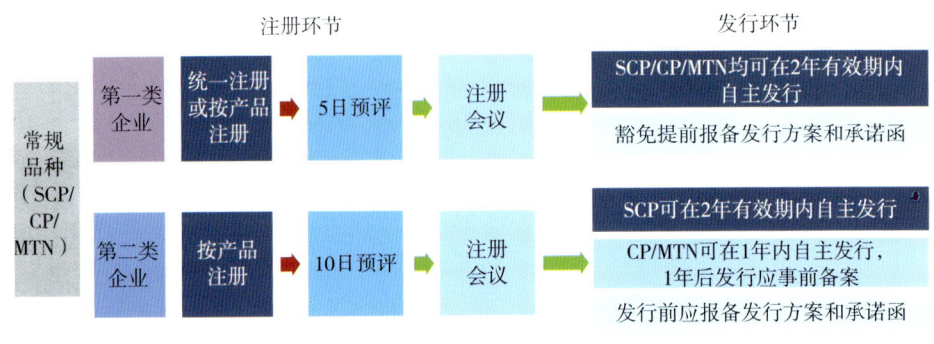

图2-2 "分层分类"注册发行机制

(2) 分层标准

从主体资质、信息披露成熟程度、合规性等角度遴选分层指标,协会将发行人分为两类企业进行差异化自律管理。

第一类企业可以选择"统一注册"不特定品种和额度的常规产品,后续发行时再明确各期债项的品种、期限、规模等要素,在"统一注册模式"下可以组建主承销商团。第一类企业也可以就公开发行各品种债务融资工具进行分别注册。

第二类企业仅可以就公开发行各品种债务融资工具分别编制相应注册文件进行分产品注册。

企业类型	分类标准
第一类企业	市场认可度高，行业地位显著，经营财务状况稳健，最近两个会计年度未发生连续亏损；
	最近三十六个月内累计公开发行债务融资工具不少于三期，公开发行规模不少于一百亿元；
	最近二十四个月内无债务融资工具或者其他债务违约或者延迟支付本息的事实，控股股东、控股子公司无债务融资工具违约或者支付本息的事实；
	最近十二个月内未被相关主管部门采取限制直接债务融资业务等行政处罚，未受到交易商协会警告及以上自律处分；
	交易商协会根据投资者保护的需要规定的其他条件。
第二类企业	不符合第一类企业标准的其他企业

图2-3 "主体分层"标准

（3）产品分类

协会将公开发行债务融资工具按照超常规品种、常规品种、特殊品种等维度对产品进行区分，并设计针对性的评议流程和信息披露要求。

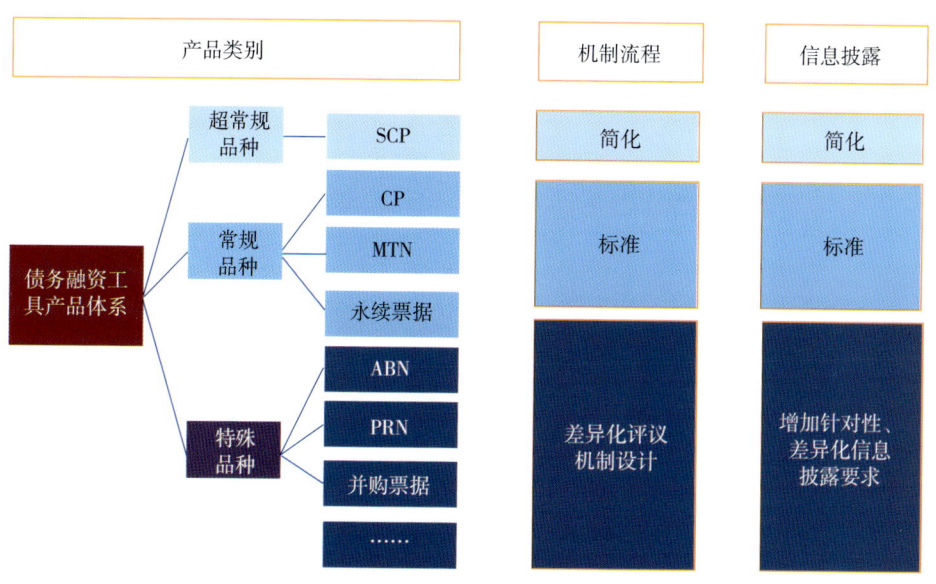

图2-4 "分层分类"产品管理机制

2. 具体注册评议

（1）注册文件准备

注册文件准备大致可以分为三个环节，一是企业应对照协会"主体分层"标准，合理判断自身所处类别，并据此选择对应的注册方式和具体产品类别；二是完成该次债务融资工具注册发行事项的内部审批决议工作，并选聘合格主承销商及其他中介机构；三是企业和相关中介机构根据《非金融企业债务融资工具公开发行注册文件表格体系》（以下简称《公开发行注册文件表格体系》）的要求编制注册文件。2018年2月7日起，主承销商可协助发行人通过新版"孔雀开屏系统"线上提交电子版注册文件，也可沿用现有方式线下提交纸质材料。2018年4月1日起，所有注册文件均应通过新版"孔雀开屏系统"线上提交。

其中，《公开发行注册文件表格体系》主要包括注册文件清单、信息披露表格等，具体如图2-5所示。

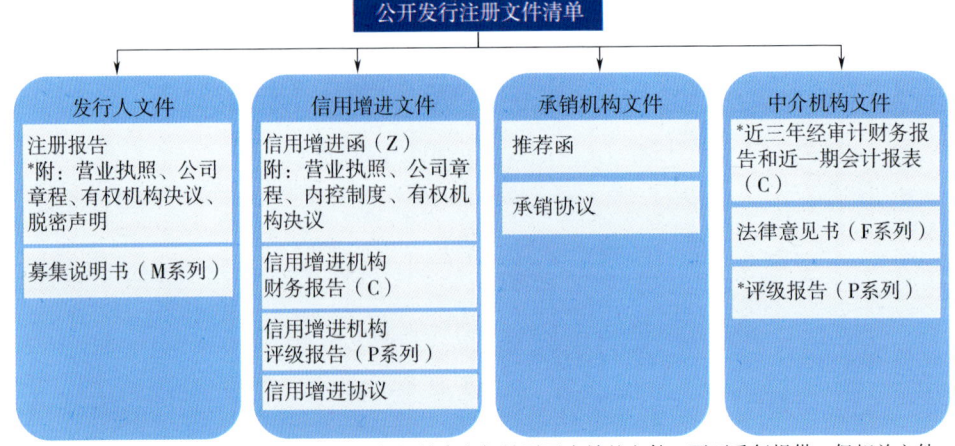

要件标示*为：如已经提交过或者已在银行间债券市场披露了有效的文件，可不重复提供，但相关文件出现变更的除外。

图2-5 注册文件清单

二、债务融资工具注册评议流程

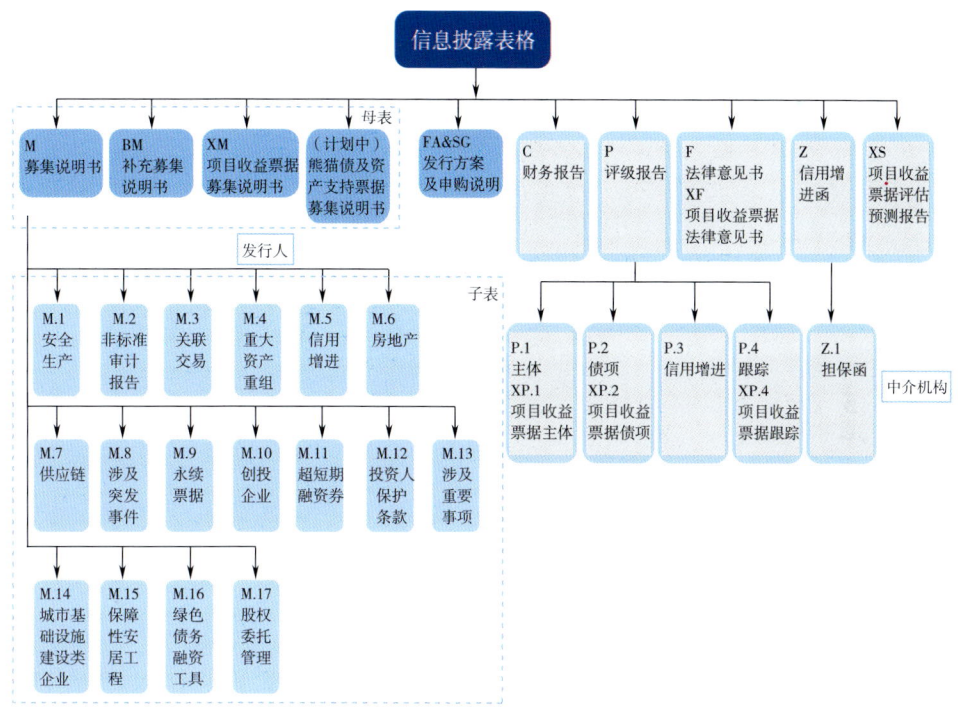

图2-6 信息披露表格

■ 必备要件

注册债务融资工具的必备要件包括注册报告（附发行人营业执照、《公司章程》及与其一致的有权机构决议）、推荐函、募集说明书、近三年经审计的财务报告及近一期会计报表、主体和债项评级报告（如有）、法律意见书、承销协议及其他。

备案债务融资工具的必备要件包括注册报告（附发行人营业执照）、补充募集说明书、近一年经审计的财务报告及近一期会计报表、主体和债项评级报告（如有）、法律意见书及其他。

■ 可不重复提供的要件

对于注册（或备案）债务融资工具，发行人如已在银行间债券市场公开披露了有效的近三年（或近一年）经审计的财务报告和近一期会计报表、企业及信用增进机构主体评级报告，则可不重复报送；发行人的营业执照、公司章程、内部控制制度等非公开披露文件曾作为要件提供过的，新增注册（或备案）时可以不重复提供。但上述文件出现变更的除外。

■ 特定要件

除必备要件外，涉及特定产品（如供应链票据、项目收益票据、永续票据、绿色债务融资工具、双创专项债务融资工具）、特定行业（如涉密企业、涉及产能过剩行业、城建类企业、房地产企业、创投企业）或特定情形（如首次注册、经审计的会计报表为非标意见、涉及重大资产重组、涉及信用增进）的债务融资工具在注册或备案时还需提供特定要件。主要包括：

● 供应链票据、创投企业债务融资工具、绿色债务融资工具、双创专项债务融资工具应提供募集资金专项账户监管协议作为要件。

● 永续票据应提供资金监管协议（针对募集资金用于项目资本金的情况）、项目批复文件（针对募集资金用于项目资本金的情况）、会计师事务所关于会计处理的说明性文件（针对条款不明确或募集资金用于项目资本金等情况）。

● 项目收益票据应提供项目收益预测报告、资金监管协议、账户抵（质）押协议（如有）、项目资产抵（质）押协议及其他担保文件（如有）作为要件。

- 绿色债券应提供由第三方专业机构出具的评估认证报告。
- 双创专项债务融资工具应提供由主承销商出具的关于募集资金用于支持创新型企业的专项筛查说明。
- 涉密企业的，需要集团保密委员会和发行人出具脱密说明及豁免披露的说明。
- 产能过剩行业应提供企业的自查报告及主承销商的尽职调查报告作为要件。
- 城建类企业应提供主承销商的尽职调查报告作为要件。
- 房地产企业应提供主承销商对于房地产合法合规性的尽职调查报告及募集资金专项账户监管协议作为要件。
- 审计报告为非标意见的，需发行人及会计师事务所提供专项说明作为要件。

涉及重大资产重组的情形：

- ①报告期近一年至募集说明书签署日期间内完成重大资产重组的，还应披露发行人近一年经审计或审阅的模拟/备考合并财务报告，或标的资产近一年经审计的合并财务报告。②重组成立未满三年的，需提供发行人近三年经审计的模拟/备考合并财务报告及母公司财务报表，或发行人经审计的合并财务报告、母公司财务报表以及子公司单独的近三年经审计的合并财务报告。
- 如果发行人更换评级公司且上调评级，若该发行人在银行间市场注册发行时所有债务融资工具均已到期超过半年以上，则无须提供双评级报告，否则要提供两份评级报告。

（2）注册文件受理

协会收到企业注册文件后，在1个工作日内对注册文件要件是否齐备进行查对。要件齐备的，协会予以受理；要件不齐备的，协会将建议企业或相关中介机构补充、修改注册文件，60个工作日内仍不能补充齐备的，协会将建议其撤回注册文件。

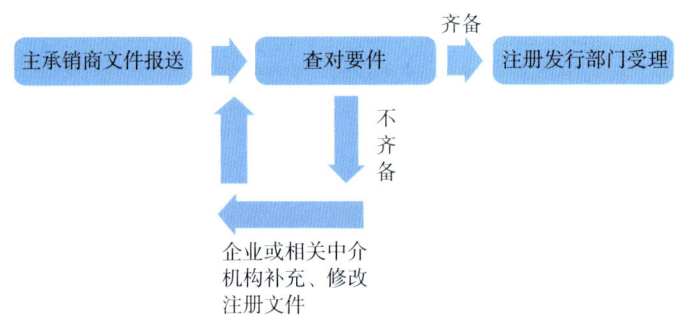

图2-7　注册发行文件受理流程

（3）注册文件预评

■ 预评流程

公开发行注册文件信息披露预评工作实行双人负责制，协会根据发行人所处行业分配不同行业组，预评人员对注册文件信息内容完备性进行预评。预评人员在预评工作中可以建议企业或相关中介机构做出解释说明，或者补充、修改注册文件；可以调阅中介机构的尽职调查报告或其他有关资料；可以要求因未能尽职而导致注册文件拟披露信息不完备的中介机构重新开展工作。主要流程包括：

● 注册办公室安排2名预评人进行预评。

● 预评人认为注册文件拟披露信息完备的，直接提交注册会议评议；拟披露信息不完备的，向企业或相关中介机构出具关于建议补充信息的函（以下简称预评建议函）。

第一类企业预评建议函，应在受理注册文件后5个工作日内发送；

第二类企业预评建议函，应在受理注册文件后10个工作日内发送；

企业注册超短期融资券，预评建议函应在受理注册文件后5个工作日内发送；

企业注册资产支持票据、项目收益票据以及其他特殊品种，预评建议函应在受理注册文件后10个工作日内发送。

● 企业或相关中介机构应于收到建议函10个工作日内，向注册办公室提交补充文件。

● 注册办公室收到企业或相关中介机构补充文件后，如预评人认为补充文件拟披露信息仍不完备，可再次出具建议函；如预评人认为补充文件拟披露信息符合相关规则指引要求，提交注册会议。

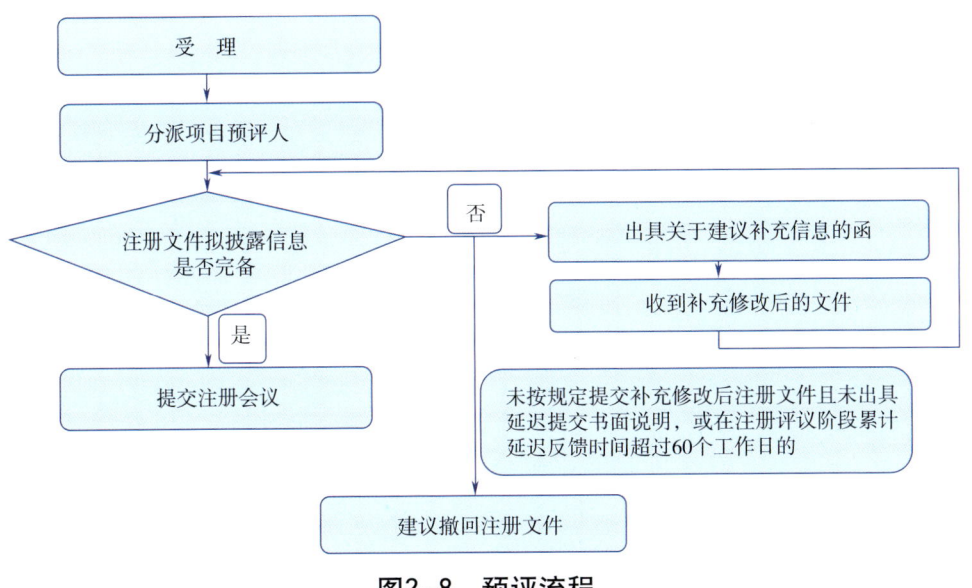

图2-8 预评流程

■ 预评工作中的特殊情况处理

对预评过程中出现的各类特殊情况，协会制定了相应的工作机制，具体包括以下方面：

● 撤回注册文件

撤回注册文件包括企业主动申请撤回、主承销商主动申请撤回及交易商协会根据国家有关政策或自律规则指引要求建议撤回三种情况。

a. 企业主动申请撤回注册文件包括但不限于以下情形：

企业所处市场形势及自身资金需求变化的；

企业注册额度不足的；

企业不能满足信息披露要求的；

企业因其他原因主动申请的。

b. 主承销商申请撤回注册文件包括但不限于以下情形：

主承销商发现企业提供的材料有虚假记载、误导性陈述或重大遗漏，企业拒不补充纠正的；

主承销商跟踪尽职调查过程中，发现企业存在不宜注册的情形的；

主承销商因其他原因主动申请的。

c. 交易商协会根据国家有关政策或自律规则指引要求，建议发行人和主承销商撤回注册文件，包括但不限于以下情形：

企业违反国家产业、安全生产等政策或规定，存在限制其通过债务融资工具融资情形；

企业及有关中介机构违反相关自律规则，按照有关自律规则予以处分；

企业或有关中介机构未按相关规则指引要求及时提交注册文件补充材料；

企业未按时在每年4月30日以前向注册发行部门报送上一年度的审计报告，公开发行项目企业未在每年4月30日、8月31日和10月31日以前报送本年度第一季度、上半年和第三季度的财务报表；

企业注册额度不足或备案项目相对应注册额度失效；

企业及有关中介机构提供的材料有虚假记载、误导性陈述或重大遗漏，对投资者做出投资决策具有重大影响；

企业及有关中介机构提交的注册文件存在较多信息披露前后不一致、文本错误等情形，可读性较差；

注册会议结论为推迟接受注册的；

其他根据国家有关政策或自律规则指引要求协会建议撤回注册文件。

● 约见谈话

约见谈话按约谈目的可区分为情况了解约谈和业务提示约谈。

a. 针对项目注册发行工作中具体关注问题需与发行人或相关中介机构单方或多方当面沟通了解情况以达到充分信息披露要求的，启动情况了解约谈。包括但不限于以下情形：

现有注册文件未能按照规则指引及表格体系有关要求进行披露；

企业出现偿债能力下降、偿债风险较高迹象，基于投资者保护的角度考虑，需要当面进一步了解原因并需适时提出信息披露要求或偿债保障措施建议的情形；

企业生产经营可能涉及相关国家政策法规及产业政策规定，根据现有注册材料信息披露难以判断企业可能涉及的政策合规性风险的情形；

企业评级下调或评级展望调为负面的情形；

《接受注册通知书》发出后至债权债务关系确立前，出现未按照《非金融企业债务融资工具簿记建档发行规范指引》相关要求及协会相关工作规程进行发行相关操作或由于未遵守相关要求而出现操作失误，需进一步了解情况的情形；

债务融资工具发行过程中出现定价不合理、上市首日一、二级市场价差异常及违规，需进一步了解情况的情形；

企业出现可能影响其偿债能力或影响投资人价值判断的其他重大事项等情形。

b. 针对注册发行工作中出现需提醒和通报发行人或相关中介机构的问题，需对出现问题的原因进行当面了解，对发行人充分信息披露不到位及相关中介机构尽职履责不到位进行业务提示的情形，启动业务提示约谈。包括但不限于以下情形：

企业违反国家相关政策法规，发行人、主承销商或其他中介机构违反相关自律法规和规程等事项，产生或可能产生严重影响的情形；

企业或重要关联方因出现敏感事件，如发生安全生产事故、存在食品安全问题、环保不达标等违法违规情形，被相关机构通报或被媒体高度关注并曝光的事件，市场影响重大；

在注册发行工作中发现企业未能按照相关规则指引及表格体系及时披露有关文件信息的情形；

在注册过程中发现注册材料质量较差，影响注册评议工作效率，涉及相关中介机构尽职履责不到位的情形；

注册额度可能涉及超过净资产40%或计算不准确，主承销商或其他中介机构存在尽职履责不到位的情形；

《接受注册通知书》发出后至债权债务关系确立前，出现未按照《非金融企业债务融资工具簿记建档发行规范指引》相关要求和协会相关工作规程进行发行相关操作或由于未遵守相关要求而出现操作失误，需进行业务提示的情形；

债务融资工具发行过程中出现定价异常及操作不合规等需要进行业务提示的情形。

- 征求人民银行分支机构意见

在预评过程中，若有必要，协会可就发行人资信、经营及财务状况向企业所在地的人民银行分支机构进行意见征求。

（4）注册会议评议

公开发行债务融资工具注册实行注册会议制度。预评工作完成后，预评人员将注册文件提交注册会议评议，由注册会议决定是否接受债务融资工具发行注册。注册会议机制充分发挥市场成员的集体智慧和专家的专业水平，避免注册过程中权力寻租现象，确保评议结果的独立、客观、公正。

■ **注册会议评议流程**

注册会议由协会依照相应回避制度从注册专家名单中随机抽取5名注册专家参加，根据注册专家意见，决定是否接受债务融资工具的发行注册。

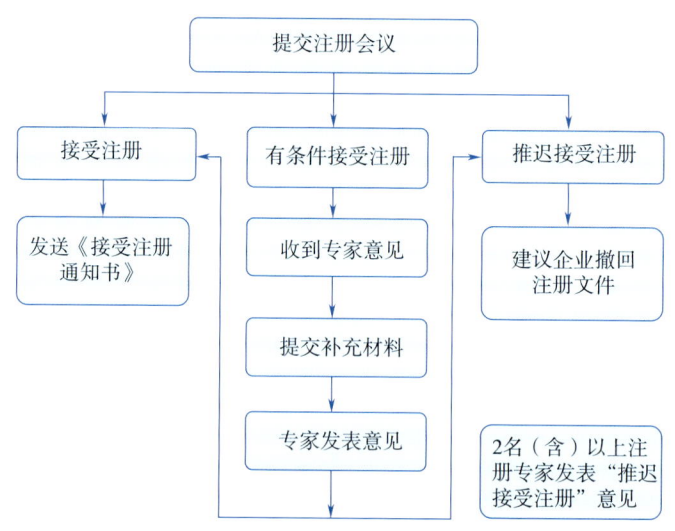

图2-9　注册会议评议流程图

■ 注册会议评议结论

注册专家意见分为"接受注册"、"有条件接受注册"、"推迟接受注册"三种。5名专家均发表"接受注册"意见的，会议结论为接受注册；2名（含）以上注册专家发表"推迟接受注册"意见的，会议结论为推迟接受注册；除上述两种情形外，会议首轮结论为有条件接受注册，该情形下，企业需按照注册会议意见对注册文件进行补充修改，并由发表意见的专家再次进行评议。

注册会议评议最多为两轮，最终评议结果包括三种情形：

- 注册专家均发表"接受注册"意见的，协会接受发行注册，向企业发送《接受注册通知书》。

- 1名注册专家发表"推迟接受注册"意见的，协会接受发行注册，向企业发送《接受注册通知书》，并通过孔雀开屏系统披露注册专家匿名意见。

● 2名（含）以上注册专家发表"推迟接受注册"意见的，协会推迟接受发行注册，并建议企业撤回注册文件。企业可在撤回注册文件之日起3个月后重新报送注册文件。

（5）发送《接受注册通知书》

协会接受发行注册后，将正式印制《接受注册通知书》并发送至发行人及主承销商。对于首次注册企业，协会将组织企业高级管理人员、主承销商召开发文谈话会议并现场向其发送《接受注册通知书》，目的在于更好地了解发行人有关情况及落实债务融资工具的后续管理工作；对于多次注册企业，协会将通过"中国银行间市场交易商协会综合业务和信息服务平台"向发行人及主承销商线上发送《接受注册通知书》，不召开发文谈话会议。发文之后，交易商协会在官方网站（www.nafmii.org.cn）公告《接受注册通知书》，以便相关使用者查询。

（6）注册有效期内企业发生重大事项工作机制

■ 报送相关文件

注册会议召开后至债务融资工具债权债务关系确立前，企业发生重大事项，或者发生非重大、但可能对投资价值及投资决策判断有重要影响的事项（详见《公开发行注册文件表格体系》中的M.13表），需要补充披露相关信息的，应及时通报协会。已公告发行文件，但债务融资工具债权债务关系尚未确立的，应暂停发行。

■ 重新提交注册会议评议

企业完成注册之后且在注册有效期内发生以下9种情形的，企业需要补充修改注册文件，并由协会重新提交注册会议评议：

- 企业发生未能清偿到期重大债务的违约情况；
- 企业发生超过净资产10%以上的重大亏损或重大损失；
- 实际控制人为自然人的，实际控制人涉嫌违法违纪被有权机关调查或者采取强制措施；
- 企业做出减资、合并、分立、解散及申请破产的决定，或者依法进入破产程序、被责令关闭；
- 企业新披露的经审计的财务报告被审计机构出具保留意见、否定意见或无法表示意见的审计意见；
- 企业因定向增发、二级市场收购等原因丧失对重要子公司（近一年资产、净资产、营业收入或净利润占比超过35%以上）的实际控制权；
- 企业主体信用评级下调；
- 企业生产经营困难（如已经出现停工停产）、企业流动性异常紧张、存续债项兑付较为困难；
- 可能对投资者投资价值及投资决策判断有重要影响的其他情形。

重新提交注册会议后注册额度失效的，可在失效后重新报送注册文件。

（二）定向发行注册评议工作流程

定向发行注册核对工作流程主要分为注册文件准备、注册文件受理、注册文件核对、发送《接受注册通知书》、注册有效期内重大事项处理等环节，仅对于自最近一个会计年度起始日至接受注册之日触发特定事项的企业，提交注册会议评议。

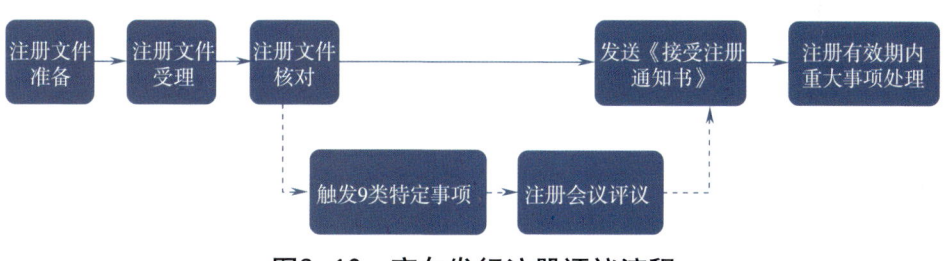

图2-10　定向发行注册评议流程

1. 投资人分层管理机制

（1）专项机构投资人制度

交易商协会在发布实施《定向债务融资工具专项机构投资人遴选细则》和专项机构投资人名单的基础上，在《非金融企业债务融资工具定向发行注册工作规程》中进一步完善定向投资人分层管理机制，并基于定向投资人结构性分层将定向发行分为定向募集方式和定向协议方式。

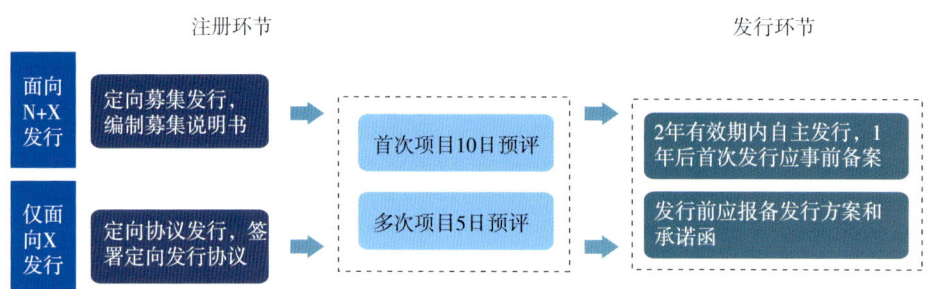

图2-11 分层注册发行安排

（2）分层注册安排

企业和主承销商应当在报送注册文件前确定定向投资人范围。向专项机构投资人和特定机构投资人（如有）定向发行债务融资工具的，企业应当采用定向募集方式编制定向募集说明书。只向特定机构投资人定向发行债务融资工具的，采用定向协议发行方式，由企业与拟投资该债务融资工具的特定机构投资人签署定向发行协议。定向募集方式借鉴成熟市场经验，专项机构投资人可直接购买定向募集方式发行的定向债务融资工具，企业与定向投资人无须事先签署定向发行协议，进一步提升定向发行的便利性。在定向协议发行方式下，定向投资人仅限于事先选定的特定机构投资人，进一步优化信息披露的内容和时间要求，满足发行人信息披露灵活性的要求。

2. 具体注册核对

（1）注册文件准备

注册文件准备大致可以分为三个环节，一是企业完成该次债务融资工具注册发行事项的内部审批决议工作，并选聘合格主承销商及其他中介机构；二是根据自身的融资需求，与主承销商协商确定定向投资人范围，选择定向募集或定向协议发行方式；三是企业和相关中介机构根据《非金融企业债务融资工具定向发行注册文件表格体系（2017版）》的要求编制定向募集说明书或由企业与定向投资人签署定向发行协议，并通过符合条件的主承销商将注册文件送达协会。

其中，《非金融企业债务融资工具定向发行注册文件表格体系（2017版）》主要包括注册文件清单、信息披露表格等，具体如图2-12、2-13所示。

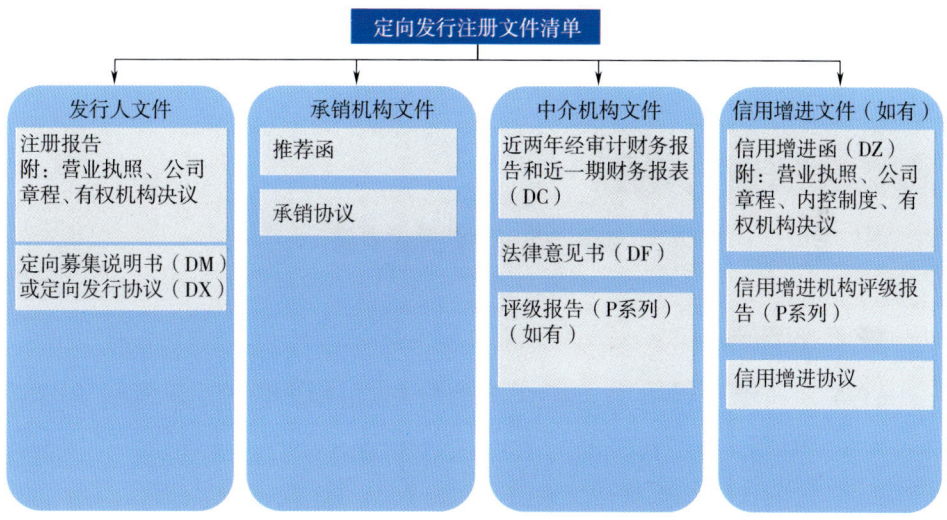

注：①成立未满两年的企业，可提供自成立之日起经审计的财务报告及母公司会计报表。

②采用定向募集说明书发行的，应提供最近一期的会计报表；采用定向发行协议发行的，可以提供最近一期半年度会计报表。

图2-12 定向发行注册文件清单

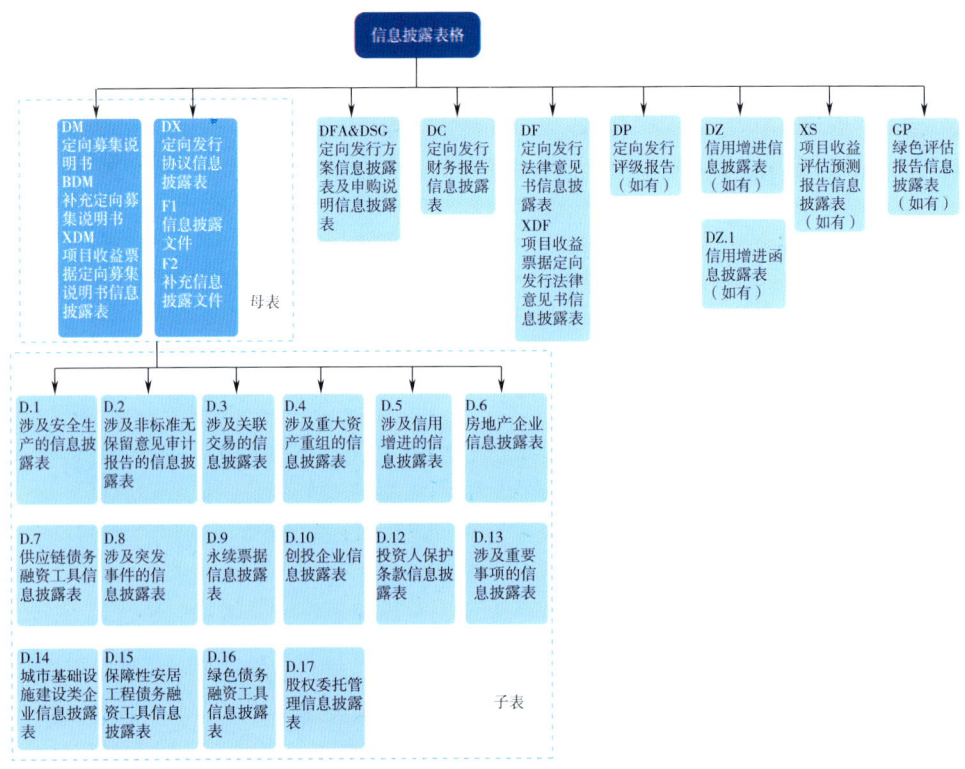

图2-13 信息披露表格

■ **必备要件**

注册定向债务融资工具的必备要件包括注册报告（附发行人营业执照、《公司章程》及与其一致的有权机构决议）、推荐函、定向募集说明书或定向发行协议、近两年经审计的财务报告及近一期/近半年会计报表、法律意见书、评级报告（如有）、承销协议及其他。

备案定向债务融资工具仅适用于取得注册通知书后一年后首次发行的企业，必备要件包括注册报告（附发行人营业执照）、定向募集说明书或定向发行协议、近一年经审计的财务报告及近一期/近半年会计报表、法律意见书、评级报告（如有）及其他。

■ **可不重复提供的要件**

对于注册（或备案）债务融资工具，发行人如已在银行间债券市场公开披露了有效的近两年（或近一年）经审计的财务报告和近一期/近半年会计报表、企业及信用增进机构主体评级报告，则可不重复报送；发行人的营业执照、公司章程、内部控制制度等非公开披露文件曾作为要件提供过的，新增注册（或备案）时可以不重复提供。但上述文件出现变更的除外。

■ **特定要件**

除必备要件外，涉及特定产品（如集合票据、供应链票据、项目收益票据、永续票据、绿色债务融资工具）、特定行业（如涉密企业、涉及产能过剩行业、城建类企业、房地产企业、创投企业）或特定情形（如首次注册、经审计的会计报表为非标意见、涉及重大资产重组、涉及信用增进）的债务融资工具在注册或备案时还需提供特定要件。主要包括：

- 供应链票据、集合票据及创投企业应提供募集资金专项账户监管协议作为要件。

- 永续票据应提供资金监管协议（针对募集资金用于项目资本金的情况）、项目批复文件（针对募集资金用于项目资本金的情况）、会计师事务所关于会计处理的说明性文件（针对条款不明确时或募集资金用于项目资本金等情况）。

- 项目收益票据应提供项目收益预测报告、资金监管协议、账户抵质押协议（如有）、项目资产抵质押协议及其他担保文件（如有）

作为要件。

- 绿色债务融资工具应提供由第三方专业机构出具的评估认证报告。
- 双创专项债务融资工具应提供由主承销商出具的关于募集资金用于支持创新型企业的专项筛查说明。
- 涉密企业的，需要集团保密委员会和发行人出具脱密说明及豁免披露的说明。
- 产能过剩行业应提供企业的自查报告及主承销商的尽职调查报告作为要件。
- 城建类企业应提供主承销商的尽职调查报告作为要件。
- 房地产企业应提供主承销商对于房地产合法合规性的尽职调查报告及募集资金专项账户监管协议作为要件。
- 审计报告为非标意见的，需发行人及会计师事务所提供专项说明作为要件。
- 涉及重大资产重组的，需发行人近两年经审计/审阅的模拟/备考合并财务报告及母公司财务报表，或发行人及被收购对象的单独近两年经审计的合并财务报告及母公司财务报表。标的资产涉及境外的情形：a.针对境外重大资产重组是否符合《关于进一步引导和规范境外投资方向指导意见的通知》等国家相关政策的规定，披露发行人自查报告及主承销商尽职调查报告。b.披露标的资产近一年经审计的合并财务报告的，应将标的资产经审计的合并财务报告翻译为简体中文，翻译范围包括审计意见页及财务报告全文。若披露的财务报告使用范围受限，披露会计师事务所关于财务报告使用范围的说明性文件，包括财务报告的使用范围受限情况、是否能作为公开披露文件用于本次注册发行等。c.若标的资产采用的境外会计准则与中国企业会计准则不等效，还应披露经境内具有证券从业资格的会计师事物所鉴证的近一年差异调节表。

（2）注册文件受理

协会收到企业注册文件后，在1个工作日内对注册文件要件是否齐备进行查对。要件齐备的，协会予以受理；要件不齐备的，协会将建议企业或相关中介机构补充、修改注册文件，60个工作日内仍不能补充齐备的，协会将建议其撤回注册文件。

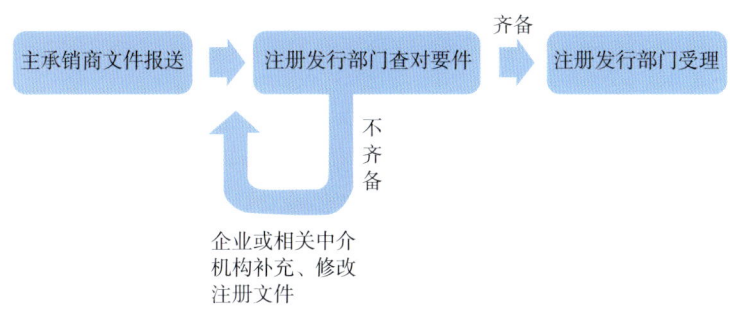

图2-14　注册发行文件受理流程

（3）注册文件核对

■ **核对流程**

定向发行注册文件信息披露核对工作实行双人负责制，协会根据发行人所处行业分配不同行业组核对人员对注册文件信息内容完备性进行核对。核对人员在核对工作中可以建议企业或相关中介机构做出解释说明，或者补充、修改注册文件；可以调阅中介机构的尽职调查报告或其他有关资料；可以要求因未能尽职而导致注册文件拟披露信息不完备的中介机构重新开展工作。主要流程包括：

- 注册发行部门安排2名核对人进行核对，并指定其中1名核对人作为主办核对人，负责进行后续沟通反馈工作。

- 核对人认为注册文件拟披露信息完备的，按照相关工作流程办理接受注册手续，并向企业出具《接受注册通知书》；拟披露信息不完备的，由主办核对人汇总意见后，向企业或相关中介机构出具关于建议补充信息的函（以下简称建议函）。

首次注册债务融资工具的企业，应在受理注册文件后10个工作日内向其发送建议函。

非首次注册债务融资工具的企业，应在受理注册文件后5个工作日内向其发送建议函。

- 企业或相关中介机构应于收到建议函10个工作日内，向注册发行部门提交补充文件。未在规定时间内提交的，应出具延迟提交的书面说明。未出具书面说明，或在注册核对阶段累计延迟反馈时间超过60个工作日的，交易商协会将建议企业或相关中介机构撤回注册文件。

- 注册发行部门收到发行人或相关中介机构补充文件后，如核对人认为补充文件拟披露信息仍不完备，应由主办核对人汇总意见后，于收到补充文件后5个工作日内出具建议函；如核对人认为注册文件拟披露信息符合相关规则指引要求，按照相关工作流程办理接受注册手续，并向企业出具《接受注册通知书》。

二、债务融资工具注册评议流程

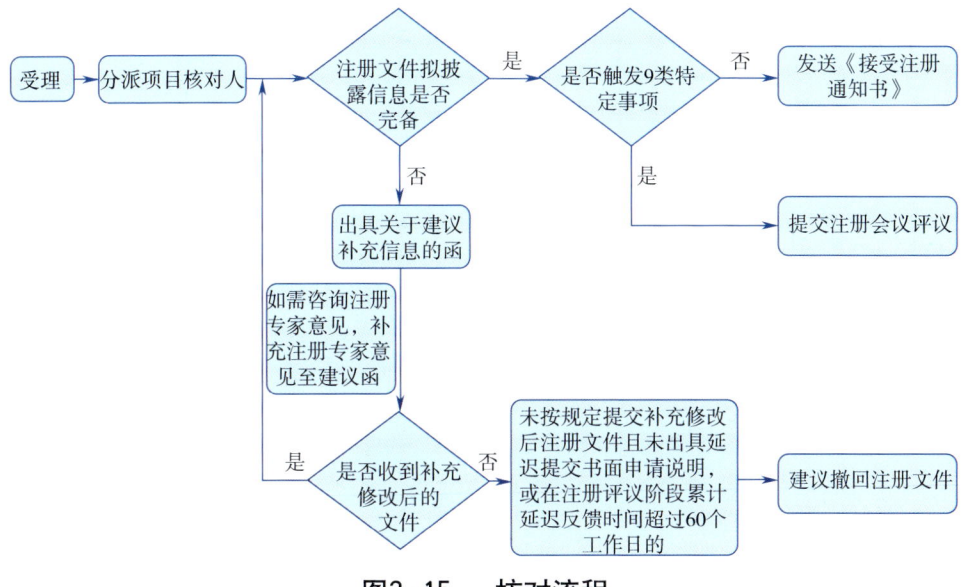

图2-15　核对流程

■ **核对工作中的特殊情况处理**

● 撤回注册文件

撤回注册文件包括企业主动申请撤回、主承销商主动申请撤回及交易商协会根据国家有关政策或自律规则指引要求建议撤回三种情况[①]。

● 约见谈话

约见谈话按约谈目的可区分为情况了解约谈和业务提示约谈[②]。

● 征求人民银行分支机构意见

---

① 撤回注册文件的具体工作机制参照本手册29~31页公开发行中撤回注册文件的工作机制处理。

② 约见谈话的具体工作机制参照本手册29~31页公开发行中约见谈话的工作机制处理。

- 在核对过程中，若有必要，协会可就发行人资信、经营及财务状况向企业所在地的人民银行分支机构进行意见征求。

（4）咨询注册专家意见（如有）

注册发行部门仅在注册过程中遇到专项问题时，就注册文件及拟披露信息咨询注册专家意见。专家应在收到拟咨询专家意见的注册文件及相关材料后5个工作日内向主办核对人反馈书面意见。

主办核对人在收到专家意见后，应在1个工作日内将专家意见反馈给企业及相关中介机构。企业或相关中介机构在收到专家意见后5个工作日内提交补充文件，并在定向募集说明书或定向发行协议的显要位置就专家意见及补充披露情况进行提示。交易商协会通过"中国银行间市场交易商协会综合业务和信息服务平台"提示定向投资人关注专家意见及补充披露情况。

（5）注册会议评议（如有）

注册发行部门仅在企业自最近一个会计年度起始日至接受注册之日内发生债务违约、重大亏损等9类特定事项时，将注册文件提交注册会议评议[①]。

9类特定事项包括：

a. 企业发生未能清偿到期重大债务的违约情况。

b. 企业发生超过净资产10%以上的重大亏损或重大损失。

c. 实际控制人为自然人的，实际控制人涉嫌违法违纪被有权机关

[①] 注册会议评议的相关程序参照本手册35~36页公开发行注册会议评议的相关程序处理。

调查或者采取强制措施。

d. 企业做出减资、合并、分立、解散及申请破产的决定，或者依法进入破产程序、被责令关闭。

e. 企业新披露的经审计的财务报告被审计机构出具保留意见、否定意见或无法表示意见的审计意见。

f. 企业因定向增发、二级市场收购、股权转让或划转等原因丧失对重要子公司（近一年资产、净资产、营业收入或净利润占比超过35%以上）的实际控制权。

g. 企业主体信用评级下调（如有）。

h. 企业生产经营困难（如已经出现停工停产）、企业流动性异常紧张、存续债项兑付较为困难。

i. 可能对定向投资人投资价值及投资决策判断有重要影响的其他情形。

（6）发送《接受注册通知书》

协会接受发行注册后，将正式印制《接受注册通知书》并发送至发行人及主承销商。对于首次注册企业，协会将组织企业高级管理人员、主承销商召开发文谈话会议并现场向其发送《接受注册通知书》，目的在于更好地了解发行人有关情况及落实债务融资工具的后续管理工作；对于多次注册企业，协会将通过"中国银行间市场交易商协会综合业务和信息服务平台"向发行人及主承销商线上发送《接受注册通知书》，不召开发文谈话会议。发文之后，交易商协会在官方网站（www.nafmii.org.cn）上公告《接受注册通知书》，以便相关使用者查询。

（7）注册有效期内企业发生重大事项工作机制

■ 报送相关文件

自接受注册之日起至定向债务融资工具债权债务关系确立前，企业发生重大事项，或者发生非重大、但可能对投资价值及投资决策判断有重要影响的事项（详见《非金融企业债务融资工具定向发行注册文件表格体系（2017版）》中的D.13表），需要补充披露相关信息的，企业及主承销商应及时书面告知注册发行部门，并通过"中国银行间市场交易商协会综合业务和信息服务平台"定向披露相关文件。已定向披露发行文件，但定向债务融资工具债权债务关系尚未确立的，应暂停发行。

■ 提交注册会议评议（如有）

自接受注册之日起至定向债务融资工具债权债务关系确立前，企业发生债务违约、重大亏损等前述9类特定事项，注册发行部门应将企业修改完毕的注册文件提交注册会议评议[①]。

---

① 自接受注册之日起至定向债务融资工具债权债务关系确立前提交注册会议评议的，参照本手册36~37页重新提交注册会议评议的相关程序处理。

(三) 《投资人保护条款范例》

1. 基本情况

为进一步贯彻落实中央关于稳定债券市场、防范金融风险的工作要求，切实保护投资人合法权益，协会于2016年9月发布实施《投资人保护条款范例》（以下简称《范例》），包括交叉保护条款、财务指标承诺条款、事先约束条款和控制权变更条款。《范例》是从我国债务资本市场发展实际出发，切实提升持有人会议效力、完善投资人保护机制的积极举措，对促进债务融资工具市场持续规范健康发展具有积极意义。

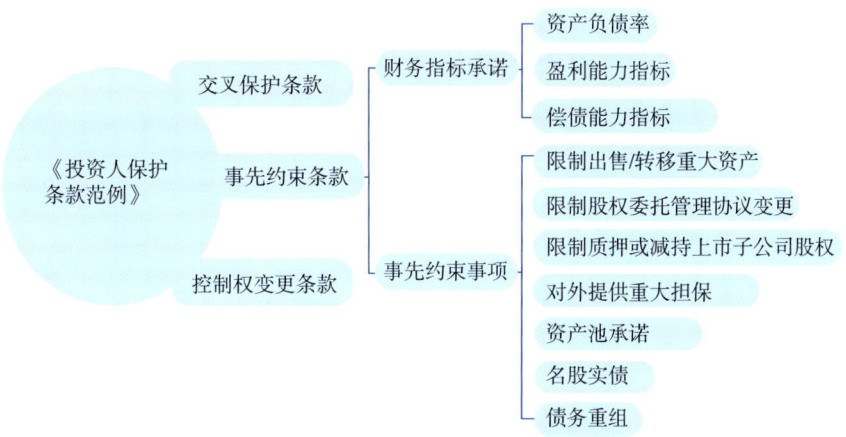

图2-16 《投资人保护条款范例》

2. 主要内容

投资人保护条款包含触发情形和救济措施两部分。在债务融资工具存续期间，发行人触发交叉保护条款、财务指标承诺条款、事先约束条款、控制权变更条款等约定情形的即构成违反约定事件；如发行人发生违反约定的事项，并在宽限期无法补救的，将启动投资人救济措施。投资人可通过持有人会议选择无条件豁免、投资人回售、要求发行人增加担保、提高票面利率、限制新增发行债务融资工具等一项或多项救济保护措施。如果救济失败，则债券加速到期，投资人可以提起诉讼或仲裁。

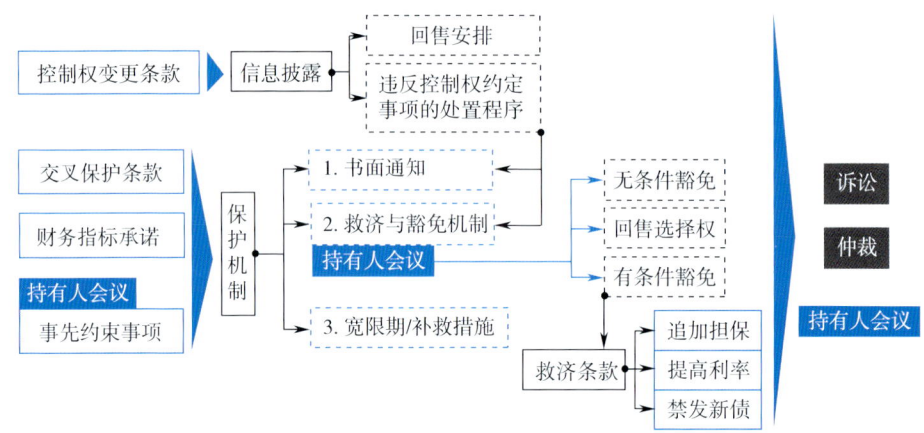

图2-17 投资人保护机制流程

3. 重要特征

投资人保护条款以契约形式在募集说明书中进行约定，为投资人和发行人事先设置了明确的风险预警指标，为投资人提供了债券违约前、违约中、违约后多元化的救济措施和明确的救济依据，提高了投资人争议解决的效率，并有效得到合同法、证券法等法律的强力保护，强化了市场主体的责任意识和契约精神，实现投资人保护机制的法治化、市场化、规范化。

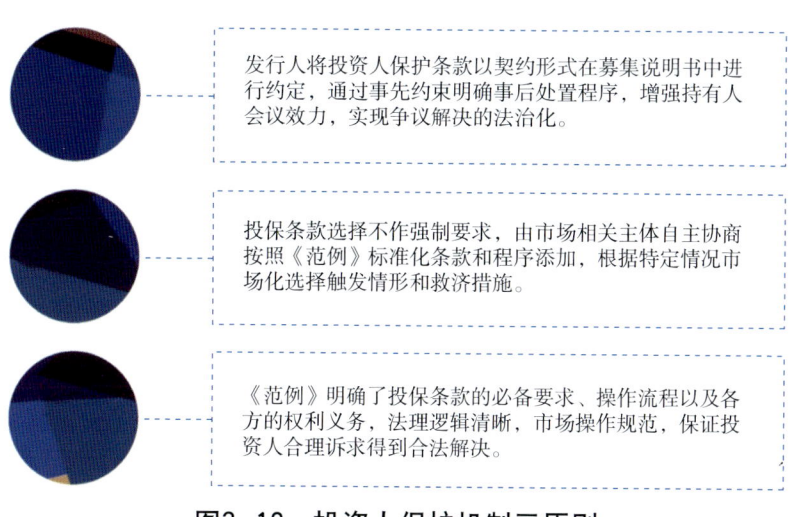

图2-18 投资人保护机制三原则

4. 操作要点

发行人和市场相关主体应结合协会总结梳理的产能过剩行业盲目扩张、股权托管不规范、实际控制人无法正常履职等七大类风险特征，审慎合理地选择和使用投资人保护条款，明确添加条款的依据和理由，规范设置触发情形和救济措施，提升条款添加的必要性和针对性，保证投保条款使用的合规有效。主承销商、律师事务所、会计师事务所及评级机构等应建立健全内部工作机制，严格按照中介业务操作规范对投资人保护条款的使用提供专业指导或发表专业意见。

风险特征	风险表现	可选择条款
产能过剩行业盲目扩张	发行人来自强周期过剩产能行业，经济下行压力下迅速进入整体产能过剩阶段，企业经营困难。	交叉保护条款财务指标承诺事先约束事项
股权托管不规范	发行人借助与国有股东签订股权托管协议，对外披露为国有企业，但国有股股权分散、缺乏控制力，实际已"民营化"。	股权托管管理协议变更
母弱子强本部偿债能力弱	核心资产集中在下属核心（上市）子公司、母公司债务负担明显偏重，"母弱子强"特点显著。	限制出售/转移重大资产
对核心资产控制力弱	发行人较易丧失旗下重要子公司或资产，发行被掏空，偿债能力弱化。	限制质押或减持上市子公司股权
名股实债隐性债务负担重	企业通过引进股权投资的形式增资扩股，但在增资或抽屉协议中含有大量债权属性的约定条款。	交叉保护条款事先约束条款
股权结构复杂，实际控制人易变更	股权结构中涉及托管协议、一致行动协议、职工持股会、托管计划持股、慈善基金会等复杂主体，结构较为复杂，实际控制人不清晰，容易引起股权结构变动。	控制权变更条款
实际控制人无法正常履职	当发生企业实际控制人被调查或协助调查等"黑天鹅"事件，往往带来银行突发收压贷款和企业流动性紧张，从而使得企业环境恶化。	控制权变更条款

图2-19 七大类风险所对应的投保条款内容

三、债务融资工具发行流程

伴随着债务融资工具市场的快速发展，注册制理念深入人心。企业能不能发债、能发多少债、以什么价格发债、什么时间发债等事项，更多地交由市场去决定。

（一）分层分类发行机制

企业获得注册后，可以选择在注册有效期内一次发行或分期发行债务融资工具。根据《非金融企业债务融资工具注册发行规则（2016年）》，企业在发行环节也按照分层分类的自律管理原则开展相关工作：第一，对于SCP，2年有效期内自主发行；第二，对于CP和MTN，第一类企业可在注册有效期内自主发行。按照第二类企业注册的，可在接受注册后12个月（含）内自主发行，12个月后发行的应事前先向交易商协会备案；第三，对于资产支持票据、项目收益票据、永续票据、并购票据等品种，应在接受注册后6个月内完成首期发行，后续发行或6个月后进行首期发行的，应事前先向协会备案。第一类企业在统一注册项下发行永续票据的，也应事前先向协会备案。

(二) 具体发行流程

从发行方式看，债务融资工具包括公开发行和定向发行。从发行定价机制看，基本均采用"簿记建档"发行定价机制。目前，北京金融资产交易所有限公司为债务融资工具的簿记建档系统提供技术支持和服务。

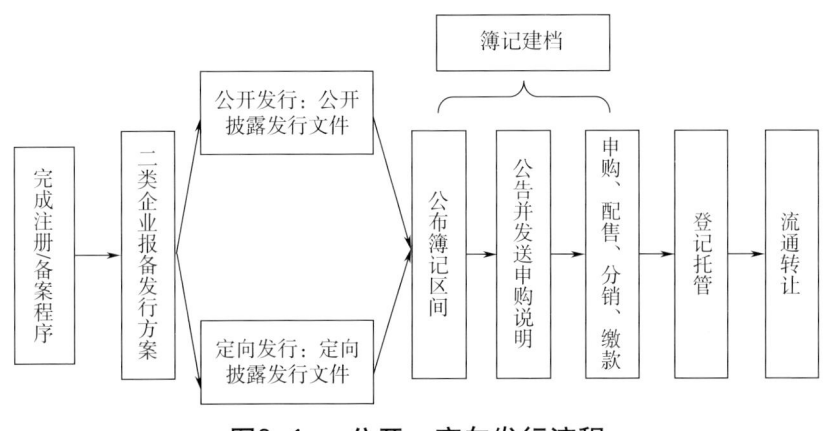

图3-1 公开、定向发行流程

发行前，发行人及主承销商应制定并披露发行方案，二类企业需将其提交协会备案。在发行披露信息方面，对于公开发行，发行人在银行间市场应公布发行文件；对于定向发行，须通过相关信息披露系统开展定向披露工作。为保护投资者权益，发行人或主承销商在注册有效期内，应当就信息披露相关的事项及时通报协会。发行前应当主动开展自查，对于未完成信息披露义务、突发重大事项未披露等违反相关自律规则的情况，需要暂停、推迟或取消发行，并根据规则完成相应评议流程。

具体流程如下：

第一步：签署服务协议并开立托管账户

发行人首次委托北金所和登记托管机构提供相关业务服务，应首先在相应机构开立簿记建档账户和债券托管账户。

第二步：发行时间安排和重大事项排查

发行人在规定的时间内，应综合考虑自身的融资需求，债券市场行情等因素选择对自身最有利的发行时间。为保护投资者权益，发行人或主承销商在注册有效期内，应当及时就信息披露相关的事项及时通报交易商协会。发行前，发行人和主承销商应当主动开展自查，对于未按相关自律规则完成信息披露义务、突发重大事项未披露，或者其他可能违反自律规则发行的情况，需要暂停、推迟或取消发行，并根据规则完成相应评议流程。

第三步：报备发行方案

发行人及主承销商应制定发行方案，并将其作为发行文件的一部分向市场披露。第二类企业的发行人和主承销商至少于公告发行文件前3个工作日向交易商协会备案发行方案。

第四步：发行披露文件

发行人在银行间市场首次发行债务融资工具的，应至少于发行日前3个工作日公布发行文件；非首次发行的，应至少于发行日前2个工作日公布发行文件；非首次发行超短期融资券的，应至少于发行日前1个工作日公布发行文件。

第五步：簿记建档

（1）确定并公布利率区间

发行材料公告后，发行人和主承销商结合发行主体资质情况，综合参考市场利率、询价情况确定发行利率区间，并签署簿记建档利率（价格）区间确认书。

（2）公告并发送申购说明

发行前一日，主承销商应当向承销团成员发送申购说明，并将申购说明向市场进行公告。

（3）申购、配售、分销、缴款

发行日，认购人在约定时间向簿记管理人提交申购要约，簿记管理人于发行日约定时间向获得配售的承销商发出缴款通知书，通知获配承销商本期债务融资工具配售数量及通过簿记建档确定的发行利率。

簿记管理人根据债务融资工具分销需要设定分销期，安排承销团成员进行协议分销。分销期自簿记建档日起至缴款截止日止。承销团成员对承销团以外机构的所有配售应以协议分销的形式在此期间完成。发行人应当制作发行情况公告，并不迟于上市首日向市场进行公告。

第六步：登记托管和流通转让

完成缴款及登记托管的次一工作日，该债券即可在银行间市场流通转让。

（三）集中簿记建档系统

1. 什么是"集中簿记建档系统"

为进一步规范债务融资工具发行环节，在人民银行的指导下，交易商协会利用北京金融资产交易所平台，建立全流程、线上化、交互式、电子化的集中簿记建档系统，加强对簿记建档线上化的监督和约束。通过集中簿记建档系统，簿记管理人、主承销商、承销商、投资人的簿记建档全部操作通过系统进行，申购、定价配售及分销等操作将实现"线上留痕"。同时，通过实时监控、线上操作以及对系统数据进行分析，进一步丰富了协会自律管理手段，加强了债务融资工具发行规范。

2014年3月，协会发布《关于非金融企业债务融资工具集中簿记建档工作有关事项的公告》，上线非金融企业债务融资工具集中簿记建档一期系统。2014年12月，集中簿记建档二期系统上线。

2. 集中簿记建档系统有哪些功能

集中簿记建档系统有三大功能：一是实现了债务融资工具发行环节全流程留痕；二是实现了线下业务的线上化；三是未来将实现非公开定向债务融资工具线上增加定向投资人流程。

簿记管理人可线上向全市场承销团成员发送组团邀请，团成员点击回复即实现组团，询价也可网上进行；发行人、簿记管理人可以网上实现发行方案的报备，大大缩短了提交备案的时间；簿记开始后，投资人、团成员通过自己的客户端提交认购申请，簿记管理人可通过系统预设的荷兰式算法计算定价和配售结果，也可通过预设自己的算法进行定价和配售，系统支持簿记管理人对结果进行调整并实现调整原因留痕；系统提供分销协议线上签署功能，团成员可与投资人通过系统达成分销；实现了与非金融机构合格投资人交易平台的互动，通过集中簿记建档二期系统发行的债券，北金所非金融机构合格投资人可以从主承销商处进行认购。

3. 集中簿记建档系统的意义和作用

一是进一步规范了债券市场运行机制，系统的全流程留痕，有助于提升债务融资工具市场簿记建档发行的过程合规性、操作规范性和信息透明性，同时增添了协会与市场成员的交流联系手段、丰富了工作手段。

二是完善了债券市场基础设施建设工作，通过线下流程线上化，大量纸质文件制作、传输及手工操作得以取代或释放，提升了全市场的发行工作效率，同时也提高了操作的准确性。

三是夯实了对债务融资工具进行全生命周期自律管理的基础，在做好监测工作的同时，二期系统可以向注册和存续期管理环节进行延伸，为今后系统化进行自律管理打下基础。

（四）定向发行及后续环节

■ **发行环节**

企业在注册有效期内，采用簿记建档方式一次发行或分期发行债务融资工具。企业发行定向债务融资工具，应根据交易商协会债务融资工具发行相关规则，于发行前3个工作日报备发行方案及承诺函。企业向专项机构投资人和特定机构投资人（如有）定向发行债务融资工具的，应至少于发行前2个工作日通过"中国银行间市场交易商协会综合业务和信息服务平台"定向披露当期发行文件。企业只向特定机构投资人定向发行债务融资工具的，应至少于发行前1个工作日通过"中国银行间市场交易商协会综合业务和信息服务平台"定向披露当期发行文件。

企业定向发行债务融资工具应由符合条件的承销机构承销。企业自主选择主承销商。需要组织承销团的，由主承销商组织承销团。

■ **登记托管及交易流通安排**

定向债务融资工具采用实名记账方式在银行间市场清算所股份有限公司登记托管。定向发行的债务融资工具可在定向募集说明书或定向发行协议约定的定向投资人之间流通转让，并可以根据银行间债券市场相关规定用于回购交易。

■ **存续期信息披露**

定向发行相关信息披露主体应通过"中国银行间市场交易商协会综合业务和信息服务平台"进行定向信息披露。披露的基本原则是

"谁能投资，向谁披露"，信息披露范围仅限于定向募集说明书或定向发行协议中确定的定向投资人。

■ 兑付

企业应在定向债务融资工具本息兑付日前5个工作日，以合理方式告知定向投资人本金兑付及付息事项。

四、债务融资工具产品介绍

四、债务融资工具产品介绍

目前，债务融资工具市场已初步形成了"基础序列产品+创新武器"的多层次产品体系。产品类型丰富，涵盖不同发行期限、不同募集资金用途、不同增信方式、不同境内外发行主体、不同计息方式等，可有效满足发行人、投资人的多元化投融资需求。

图4-1 债务融资工具产品序列图

（一）基础序列产品

1. 短期融资券

■ 内涵

短期融资券（Commercial Paper，CP），是指具有法人资格的非金融企业在银行间债券市场发行的，约定在1年内还本付息的债务融资工具。非金融企业可在注册期内灵活确定每期短期融资券的发行规模与期限，并按规定进行信息披露。短期融资券拓宽了非金融企业的直接融资渠道，改善了企业融资环境，节约了企业融资成本。

截至2017年末，全年共有333个发行主体发行了463只短期融资券，2017年新发行量为3 949.7亿元，累计发行规模7.9万亿元，存量规模3 830.8亿元。。

■ 特征

- 适用于"分层分类"管理体系；
- 产品期限为一年（含）以内；
- 注册有效期为两年，第一类企业可在注册有效期内自主发行，第二类企业可在接受注册后12个月（含）内自主发行，12个月后发行事前向协会备案；
- 短期融资券待偿还余额不得超过企业净资产的40%；
- 所募集的资金应用于企业生产经营活动，并在发行文件中明确披露具体资金用途，在短期融资券存续期内变更募集资金用途应提前披露。

■ 主体

短期融资券具有期限较短的特点,适合具有短期流动性管理需求的非金融企业发行人,同时适用于短期偏好的投资人。

2. 中期票据

■ 内涵

中期票据(Medium-Term Note,MTN),是指具有法人资格的非金融企业在银行间债券市场按照计划分期发行的,约定在一定期限还本付息的债务融资工具。中期票据的推出具有重要意义:第一,优质企业可利用这一直接融资渠道获取资金,强化了资本市场作为宏观调控传导渠道的功能。第二,中期票据可丰富市场产品品种,并对改善利率环境、建立健全有效市场机制、形成完整的企业融资市场收益率曲线具有重要作用。第三,企业可通过发行中期票据实现融资成本的灵活配置,改善财务管理能力,提高自身应对复杂多变的金融环境的能力,提升企业经济价值,增强我国经济整体活力。

截至2017年末,共有476个发行主体发行了906只中期票据,2017年新发行量为1.0万亿元,累计发行规模8.0万亿元,存量规模4.8万亿元。

■ 特征

- 适用于"分层分类"管理体系;
- 期限为一年以上,通常为三年、五年或七年;

- 注册有效期为两年，第一类企业可在注册有效期内自主发行，第二类企业可在接受注册后12个月（含）内自主发行，12个月后发行事前向协会备案；
- 中期票据待偿还余额不得超过企业净资产的40%；
- 发行中期票据应披露企业主体信用评级，中期票据若含可能影响评级结果的特殊条款，企业还应披露中期票据的债项评级。

■ 主体

从参与主体来看，中期票据可以满足企业的中长期融资需求，同时适用于具有中长期资金配置需求的投资人。

3. 超短期融资券

■ 内涵

超短期融资券（Super & Short-term Commercial Paper，SCP），是指具有法人资格的非金融企业在银行间债券市场发行的，期限在270天以内的短期融资券。超短期融资券有助于丰富企业直接债务融资渠道，提高企业流动性管理水平；有助于丰富投资品种，满足投资者多元化需求；有助于进一步增强货币政策敏感性和有效性，推进利率市场化进程；有助于实现宏观调控目标，增强债务融资市场作为宏观调控政策传导渠道的功能。

截至2017年末，共有536个发行主体发行了1 673只超短期融资券，2017年新发行量为2.0万亿元，累计发行规模9.7万亿元，存量规模1.1万亿元。

■ **特征**

- 适用于"分层分类"管理体系;
- 注册有效期为两年,可在有效期内自主发行;
- 不受发行规模不得超过企业净资产40%要求的限制;
- 发行人注册发行超短期融资券应披露其资金运营内控制度、资金管理模式、短期资金调度应急预案等相关内容;
- 募集资金不得用于长期投资,注册额度应与短期资金缺口及用途相匹配,并披露募集资金匡算依据。

■ **主体**

超短期融资券的发行人范围为所有具有法人资格的非金融企业,发行人应具备完善的公司治理机构,业务运营合规,信息披露规范,且不存在违法、违规行为。超短期融资券的主承销商须具有良好的流动性管理和及时跟踪监控企业经营管理和财务状况的能力和条件。超短期融资券期限短,适合风险偏好较低、流动性偏好较高,但仍有较高收益率资产配置需求的投资人。

4. 资产支持票据

■ **内涵**

资产支持票据(Asset-Backed Note,ABN),是指非金融企业为实现融资目的,采用结构化方式,通过发行载体发行的,由基础资产所产生的现金流作为收益支持的，按约定以还本付息等方式支付收益的证券化融资工具。资产支持票据的推出，一是有利于盘活企业存量资产，优化财务结构，助力实体企业"去杠杆、降成本"，加强金融对实体经济的支持力度；二是为市场引入结构化产品，满足发行人和投资人的个性化需求，不断拓宽银行间债券市场广度和深度，促进金融市场深化发展；三是实现了企业债务融资从主体信用到资产信用的实质转移，引导企业在做好风险隔离的基础上以优质基础资产进行融资，有利于拓宽融资渠道，一定程度上降低直接融资门槛，提高银行间债券市场普惠性。随着经济形势和市场实践发展，在加强风险防范的基础上进一步丰富资产支持票据基础资产类型与交易结构是当前创新的重点，未来将继续完善市场化约束与风险防范机制，丰富基础资产和交易结构类型，积极落实国家产业政策，助力供给侧结构性改革。

截至2017年末，资产支持票据累计注册规模2 321.1亿元，累计发行规模980.7亿元；其中信托型ABN注册规模为2 075.0亿元，累计发行规模736.5亿元。

■ **特征**

- 拓宽企业融资渠道，降低融资成本；
- 盘活企业存量资产，优化财务结构；
- 创新结构设计，加强偿债保障；
- 满足投资人多元化的投资需求；
- 提升企业社会声誉。

■ **主体**

拥有稳定现金流资产的企业可用证券化技术将其资产进行结构化

设计，转化为债项评级相对较高的证券化产品。资产支持票据产品适合投资策略多元、流动性要求相对较弱的投资人。

5. 项目收益票据

■ 内涵

项目收益票据（Project Revenue Note，PRN），是指非金融企业在银行间债券市场发行的，募集资金用于项目建设且以项目产生的经营性现金流为主要偿债来源的债务融资工具。项目收益票据的推出，是金融支持新型城镇化建设、支持实体经济的必然要求，是探索透明规范的城市建设投融资体制、防范和化解地方政府债务风险的有益尝试；同时，通过强化信息披露、风险防范等针对性要求，有利于进一步规范城市基础设施建设类企业的运营管理。

截至2017年末，共有5个发行主体发行了5只项目收益票据，2017年新发行量为21.1亿元，累计发行规模118.6亿元，存量规模118.6亿元。

■ 特征

• 企业可通过成立项目公司的方式注册发行，也可在做好风险隔离的基础上，由既有发行人直接注册发行；

• 既有发行人直接注册发行，要求建立有效的资金使用监管机制，约定募集资金用途改变的解决措施；

• 发行期限可涵盖项目建设、运营与收益整个生命周期；

- 企业应归集项目收入并优先划入偿债资金专户，履行资产受限信息披露义务，设置持有人会议等应急处置预案和触发机制。

■ 主体

发行人方面，项目收益票据适合包括城建类、公用事业类企业等具有项目建设融资需求的发行主体。投资人方面，除传统的银行间市场投资人外，鼓励项目所在地投资人深度参与项目收益票据投资，既有利于丰富地方投资人的投资结构，也有利于充分调动地方投资人的积极性，发挥地方金融机构对当地城镇化建设的支持作用。

（二）升级创新产品

1. 熊猫债

■ **内涵**

熊猫债是指在中华人民共和国境外（包括香港、澳门和台湾）合法注册成立的境外机构在中国债券市场发行的债券。交易商协会在人民银行指导下推动银行间市场熊猫债发展。引入境外发行人在银行间市场注册发行熊猫债有利于引进国际先进经验促进国内市场进一步深化改革、完善制度；有利于为人民币国际化提供坚实基础；有利于提升我国参与国际金融治理的广度和深度；有利于服务实体经济发展，助力"一带一路"、自贸区等国家开放性战略的实施，进一步推动与扩大中国全方位的对外开放。

2017年，境外发行人在协会注册熊猫债933亿，共有15个境外主体发行熊猫债473亿元，其中境外非金融企业发行453亿元，境外政府类机构发行20亿元，代表性发行人包括招商局港口、普洛斯洛华、中电新能源，以及匈牙利等。

■ **特征**

- 发行人注册地在境外；
- 可根据境外发行人需求，自行选择期限、规模及交易结构；
- 可以公开发行或定向发行；
- 募集资金可依法合规用于境内，也可按相关规定用于境外；

- 注册有效期为两年，两年以内可灵活安排发行时间。

■ 主体

在发行端，发行熊猫债可扩大境外发行人人民币融资渠道，多元化负债币种结构，有效增加我国金融市场的产品供给；在投资端，非金融企业熊猫债有助于人民币债券投资人增加对境外主体的资产配置，分散区域性信用违约风险。

2. 永续票据

■ 内涵

永续票据指的是不规定到期期限，债权人不能要求清偿，但可按期取得利息的一种有价证券，定位为无固定到期日、可递延支付利息的含权债务融资工具。永续票据在符合特定条件下可计入权益，满足项目资本金对于长期限、非债务性资金的要求，可以较好地匹配发行人项目投资需求。永续票据产品对于丰富金融投资产品序列、建立多层次债券市场、促进我国直接融资市场发展、加快我国债券市场与国际市场接轨的步伐具有重要意义。

截至2017年末，共有183个发行主体发行了241只永续票据，2017年新发行量为2 857.6亿元，累计发行规模9 608.1亿元，存量规模9 608.1亿元。

■ 特征

- 无固定到期日及付息日的特点，发行人可提前赎回，投资人收益具有不确定性；

- 票息递升，利息递延；
- 永续票据在符合特定条件下可计入权益，并在满足合法合规、风险可控等条件下，允许可计入权益的永续票据募集资金用于项目资本金（不超过项目资本金总额的50%）；
- 对于主体评级在AA及以上的发行人，计入权益的永续票据注册额度单独管理，计入负债的永续票据视同普通中期票据进行额度管理。

■ **主体**

在发行端，永续票据对于资本支出较大、负债率较高，但整体资质良好，特别是电力、交通运输、市政建设等关系到国计民生的企业改善自身资产负债结构有重要意义。在投资端，永续票据具有期限长、票息相对较高等特点，可满足不同风险和期限偏好的投资人，特别是保险、基金等投资机构对于长期限、相对高收益的金融产品的投资需求。

3. 并购票据

■ **内涵**

并购票据指企业在银行间债券市场发行的，募集资金用于企业并购活动，约定在一定期限内还本付息的短期融资券、中期票据或其他债务融资工具。并购票据的推出，一是拓展了企业并购的融资渠道；二是丰富了机构投资者的债券品种；三是提高了中介机构的专业能力；四是在信息披露、投资者保护机制、注册审核机制、兑付资金监管等方面深化了债券市场的服务功能。

截至2017年末，共有17个发行主体注册了17只并购票据，注册规模为396.7亿元，累计发行规模236.8亿元。

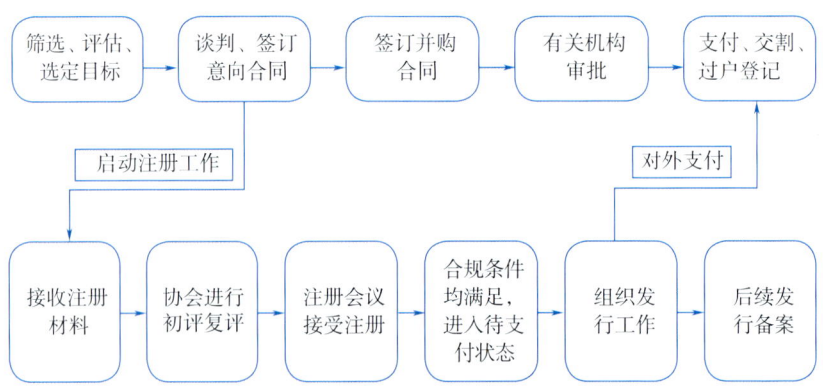

图4-2　并购票据产品流程

■ **特征**

- 可用于支付并购对价或置换并购贷款本息；
- 融资比例可达并购项目规模的60%；
- 在期限、担保方面无强制性要求，以市场化方式确定利率；
- 兑付安排灵活，可分期或一次性到期兑付，按年结息。

■ **主体**

参与主体方面，并购票据适合有产业整合、资源配置优化需求的发行人，适合投资策略多元、收益和风险偏好较高的投资人。

4. 创投企业债务融资工具

■ **内涵**

创投企业债务融资工具指创业投资企业发行的债务融资工具,对于后续债务融资工具支持创业投资企业、股权投资企业及产业投资基金的股东或有限合伙人的注册工作具有较大的借鉴价值,丰富了我国债券市场发行人结构,满足了企业多样化的融资需求。

截至2017年末,共有8个发行主体注册了12只创投企业债务融资工具,注册规模为134.0亿元,累计发行规模61.4亿元。

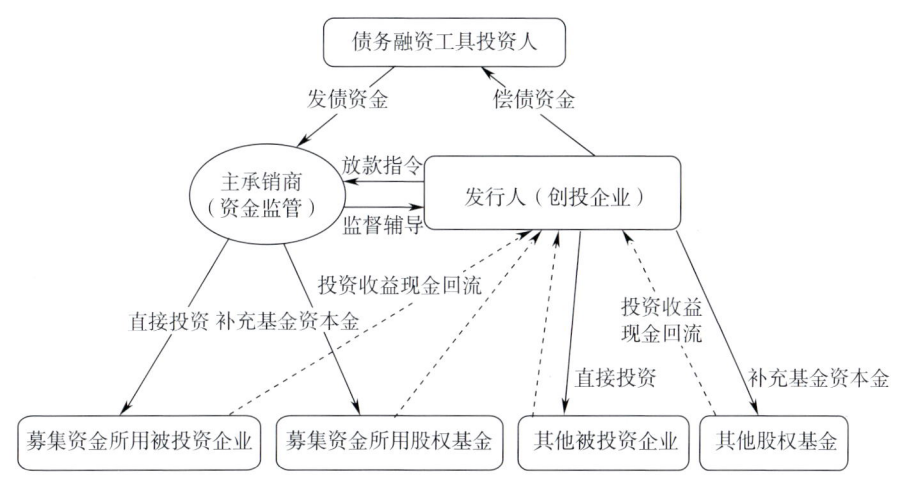

图4-3 创投企业债务融资工具产品流程

■ **特征**

- 募集资金可直接用于补充企业营运资金、偿还银行借款、补充创投基金资本金及对非上市公司进行股权投资;
- 募集资金用于股权投资、收购产权(股权)的,原则上累计投资金额不得超过该标的金额的60%，并对资金账户进行封闭式管理；

● 公募产品需根据公募债务融资工具信息披露子表格进行注册发行和存续期的信息披露；私募产品对募集资金用途的要求与公募一致，存续期的信息披露需定期披露用款情况报告、募集资金使用方案的执行情况、投资数量和规模等。

■ **主体**

创投企业债务融资工具的发行人为在主管部门进行过备案登记的、主体评级AA及以上的合规创投企业，且满足创投类业务收入（支付给创投基金管理人的管理费和投资收益之和）大于等于发行人主营业务收入的50%的要求。创投企业债务融资工具适合具有多元化投资意向，风险收益偏好较高的投资人。

5. 绿色债务融资工具

■ **内涵**

绿色债务融资工具（Green Note，GN），是指境内外具有法人资格的非金融企业在银行间市场发行的，募集资金专项用于节能环保、污染防治、资源节约与循环利用等绿色项目的债务融资工具。绿色项目的界定与分类可以参考中国金融学会绿色金融专业委员会编制的《绿色债券支持项目目录》。与普通债务融资工具相比，绿色债务融资工具在绿色项目界定、募集资金管理和后续信息披露等方面具有特殊性。

截至2017年末，共有27家发行主体注册了30只绿色债务融资工具，注册规模546.0亿元,累计发行规模250.0亿元。引导资金流向清洁能源、公共交通等绿色产业,支持国家绿色经济建设,预计每年节能量超过633.68万吨标准煤,减排二氧化碳1 586.7万吨,减排烟尘7.35万吨。

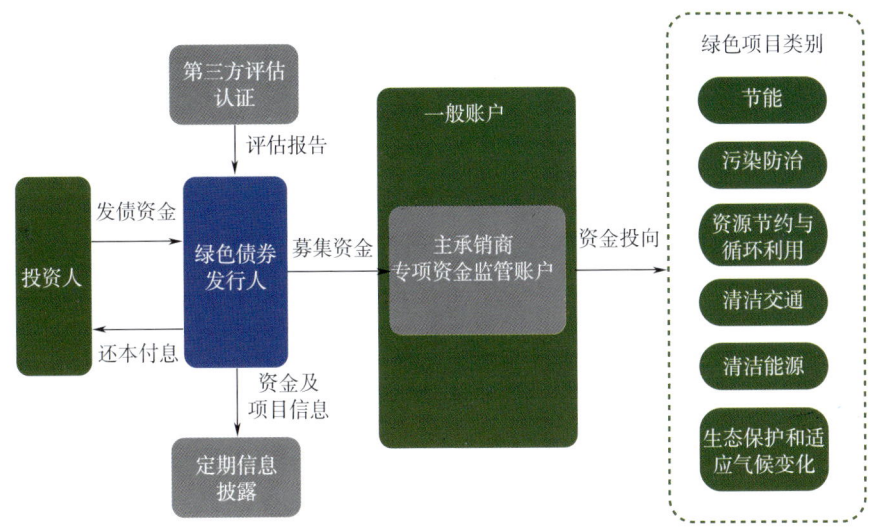

图4-4 绿色债券产品流程

■ **特征**

- 募集资金专项用于环境改善、应对气候变化等绿色项目;
- 具有合理的绿色项目评估与遴选机制;
- 设立募集资金监管账户,实施专户管理;
- 较高的定期信息披露要求。

■ **主体**

发行人一般为承担节能减排、环境保护等项目建设运营领域符合条件的企业,同时适合对于环境生态环保领域有特殊投资倾向的多元化投资人。

（三）其他创新产品

1. 扶贫票据

■ **内涵**

扶贫票据（Poverty Alleviation Note，PAN）是募集资金用于精准扶贫项目建设、偿还精准扶贫项目借款或者补充精准扶贫项目营运资金等，具有专项标识的债务融资工具。

精准扶贫项目的标准具体参照人民银行金融支持精准扶贫要求。其中，基础设施类扶贫项目包括道路交通、农田水利及农村生态改善等，要求基础设施服务区域的贫困人口数占项目服务区域总人口数之比不低于10%；产业扶贫项目应对贫困人口具有扶贫带动作用，包括吸纳就业或签订帮扶协议等形式，具体帮扶贫困人口数应符合人民银行金融支持精准扶贫要求。

截至2017年末，共支持扶贫票据注册（备案）13单，金额375亿元，预计带动498万建档立卡贫困人口的脱贫工作；已发行12期，发行金额130亿元，募集资金主要用于贫困地区高速公路、城市基础设施、易地扶贫搬迁等项目领域，可带动65个县的扶贫工作，惠及491万贫困人口。在产业扶贫方面，西南能矿及晋能集团扶贫中票资金用于矿产、光伏等项目建设，助力当地贫困人口增收。在基础设施扶贫方面，贵州高速、山西路桥等5家企业发行扶贫票据用于贫困地区高速公路建设，改善当地交通条件。在易地扶贫搬迁方面，重庆鸿业扶贫票据资金用于搬迁改造，可有效改善当地生产生活条件。

扶贫票据在拓宽扶贫开发融资渠道的同时，强化了市场化约束，有利于提升企业扶贫资金使用效率，提升社会各方对扶贫工作的关注度和参与度，吸引更多资金投向扶贫开发领域。

■ **特征**

- 募集资金部分用于精准扶贫领域，服务贫困人口；
- 精准扶贫项目标准参照人民银行金融支持精准扶贫要求；
- 用于精准扶贫的募集资金实行专户监管，确保专款专用。

■ **主体**

发行主体应满足债务融资工具注册发行基本要求，有合理的精准扶贫项目资金需求，有完善的偿债保障措施和投资人保护机制。

■ **品种**

扶贫票据的注册发行载体形式既可以是中期票据、短期融资券、超短期融资券等常规品种，也可以是社会效应债券、资产支持票据、债贷基组合、绿色债务融资工具、项目收益票据等创新产品。

扶贫票据注册时使用PAN-CP，PAN-MTN，PAN-ABN等对注册通知书进行标识；发行时票据全称使用"扶贫中期票据"、"扶贫短期融资券"等名称，加入"扶贫"专项标识。

■ **信息披露**

扶贫票据首先必须严格按照债务融资工具基本的信息披露要求进行充分披露。同时，发行人需披露募集资金用于的扶贫项目符合精准扶贫要求的相关依据、预期的扶贫效果、扶贫计划、中央及地方政策支持情况、项目的投资收益模式等。扶贫票据发行后，用于扶贫用途的募集资金不得变更用途，如确需变更的，应由发行人和主承销商出具说明，变更后的用途应确保继续用于精准扶贫项目。

2.双创专项债务融资工具

■ 内涵

双创专项债务融资工具是指以创业创新资源集聚区域内的园区经营企业为依托，募集资金通过投债联动的模式用于支持创新型企业发展的债务融资工具。

双创专项债务融资工具对于落实国家创新驱动发展战略、引导金融资源向科技领域配置、发挥银行间市场支持创新型企业发展的作用具有重要意义。一是以优质企业为平台能提升创新型企业的资金可获得性，满足园区经营企业和创新型企业的融资需求，提升债务融资工具服务实体经济的效率；二是通过投债结合打通创新型企业融资链条，形成覆盖创新型企业全生命周期的融资支持，更大力度地发挥科技资源和金融资本相结合的基础性配置；三是依托机制设计做好金融风险防范，通过严格的资金监管账户和定期信息披露要求提高债券资金使用的透明度，维护金融安全。

2017年5月8日，首单5亿元双创专项债务融资工具成功发行，开启了银行间市场支持创新型企业发展的新模式。截至2017年末，共支持9个发行主体注册9只双创专项债务融资工具，注册规模170亿元，累计发行规模50亿元。

■ **特征**

- 进一步拓展募集资金用途，募集资金可通过委托贷款或股权投资的形式投入创新型企业；
- 发行人须签署资金监管协议，设立募集资金监管账户，对用于委托贷款和股权投资的资金实施专户管理；
- 定期信息披露要求，每年4月30日以前向投资人披露用款情况，包括但不限于募集资金使用方案的执行情况、资金回收情况、有无逾期情况、投资标的或委贷企业发展情况等内容。

■ **主体**

发行主体应为注册或主要经营地在国家"双创"示范基地、国家高新技术产业园区和国家自主创新示范区等创业创新资源集聚区域内的园区经营企业，企业示范基地募集资金用于支持上下游产业链企业相关业务发展的，也可纳入双创发行主体范围。双创专项债务融资工具适合具有多元化投资意向、有一定风险收益偏好的投资人。

3. 社会效应债券

■ **内涵**

社会效应债券是一种解决因政府资金短缺而导致社会服务不足的创新融资模式，是一种"成功才付款"契约，由政府与几个关系方签订，当某种特定社会问题改善而造成公共预算节约时，政府会履约付款。社会效应债券作为具有"成功才付费"核心理念的创新产品，为金融市场投资者参与社会事业开辟了新路径。

国际上，社会效应债券是一种公共服务或社会事务领域基于绩效标准付费的跨部门公私合作融资机制，2010年起源于英国，债券发行募集资金主要是解决民生等社会问题，例如降低犯罪率、减少贫困人口、提升食品安全等项目，具有较强的政策性、社会性，在欧美发达市场也属于创新领域。

2016年12月，我国首单5亿元社会效应债券成功发行，募集资金专项用于精准扶贫项目，票面利率采取"固定利率+浮动利率"的方式，浮动利率与扶贫效果相挂钩，开启了债券市场资金直接解决社会问题的新模式。

■ 特征

- 募集资金专项用于扶贫等具有较强社会性的项目；
- 以收益浮动等多种方式体现投资的社会效应；
- 通过第三方评估强化社会效果的市场化约束。

■ 主体

发行人一般为符合注册发行相关要求、有资格发行债券，并具有社会责任理念的企业；投资人即提供项目资金并愿意承担风险的私营资金提供人，包括机构投资人、慈善基金会及个人投资者等；第三方评估机构一般由独立于以上各方的第三方机构担当，对社会性项目成效进行严格审核。

4. 债务融资工具通过"债券通"面向境外投资者发行

■ 内涵

"债券通"是指境内外投资者通过香港与内地债券市场基础设施机构连接，买卖两个市场交易流通债券的机制安排。"债券通"通过两地债券市场基础设施连接，使国际投资者能够在不改变业务习惯、同时有效遵从内地市场法规制度的前提下，便捷地参与内地债券市场。

2017年7月3日，华能集团、三峡集团、中国联通、中铝公司和国家电投共5家企业通过"债券通"渠道，正式面向境内外投资者试点公告发行。截至2017年末，已有19只债务融资工具通过"债券通"面向境内外投资者完成发行，金额合计255亿元。其中，共有21家境外投资者通过"债券通"参与投资，总投资规模占总体发行规模的比例约为10%。参与投资的境外机构来自德国、韩国、香港和澳门等国家（地区），投资者类型涵盖境外央行、商业银行、证券公司、保险公司、资产管理机构、非法人产品等。

债务融资工具通过"债券通"面向境外投资者直接发行，有助于拓展实体经济融资渠道，促进债务融资工具市场注册发行机制流程、信息披露制度及基础设施建设进一步完善，提升市场流动性和稳定性，更好地发挥债务融资工具市场对实体经济发展的支持作用。

■ **主体**

发行人应为具有法人资格的非金融企业，拟发行项目的募集资金用途符合国家法律法规、最新相关产业政策，以及非金融企业债务融资工具注册发行相关自律规则。一般而言，境外投资人对拥有境外评级的发行主体接受度更高。

■ **信息披露**

债务融资工具通过"债券通"面向境外投资者发行，需在发行前参考《"债券通"专项信息披露子表格（试行）》，就发行条款、重要提示、免责条款和申购说明等部分内容进行补充披露。完成补充信息披露工作后，在债券全称中增加"债券通"标识。发行人应配合主承销商提供企业英文全称及简称，以便做好信息披露及债券登记托管工作。

5. 定向可转换票据

■ **内涵**

定向可转换票据是基于定向债务融资工具的创新产品，是指非金融企业依法发行、在一定期间内依据约定的条件可以转换成股份的债务融资工具。定向可转换票据产品具有债股结合的特点，转股条款的设置为企业降负债、去杠杆、修复资产负债表提供了有益探索，提高企业持续稳健发展能力。此外，企业发行定向可转换票据，可降低融资成本、拓宽融资渠道。定向可转换票据的上线，丰富了债务融资工具产品序列，推动了多层次资本市场的发展，同时有利于激发相对风险偏好型投资人的热情，培育和发展各类合格机构投资者。

截至2017年末，银行间债券市场已成功发行1亿元定向可转换票据。

■ **特征**

● 投资人在特定时点有权利按照所持面值将所持有的债权通过认购发行人新增资本的方式转换为对发行人股权投资；

● 转股价格依据发行人估值确定，估值方式由发行人和投资人自行协商确定并在条款中明确；

● 转股标志为发行人完成增资扩股手续。

■ **主体**

发行人方面，主要为高成长性企业，及其他有发行可转含权票据需求的企业。投资人方面，定向可转工具兼具债务融资工具及股权融资工具双重特性，能有效吸引包括风险投资基金、私募股权投资基金等新型投资者参与投资，进一步激发如证券公司、基金公司等相对风险偏好型投资者的参与热情。

6. 供应链融资票据

■ **内涵**

供应链融资票据是指依托产业链上核心企业的信用，融资支持上下游企业生产经营的"1+N"融资模式。供应链融资票据的发行主体为核心企业，依托核心企业的信用评级在债券市场发行票据募集资金，为其上下游企业提供融资支持。供应链融资票据凭借核心企业与其上下游企业密切的生产经营关系，在保护投资人利益的前提下，解决了小微企业在融资环节面临的个体资质差、信息披露成本较高、信息不透明等问题，缓解了上下游企业融资难的困境，为实体经济发展服务。同时，该融资方式进一步加强了供应链内各个企业的联系，进一步促进上下游企业与核心企业建立长期战略协同关系，提升整个供应链的竞争力。

截至2017年末，银行间债券市场已成功发行2.5亿元供应链融资票据。

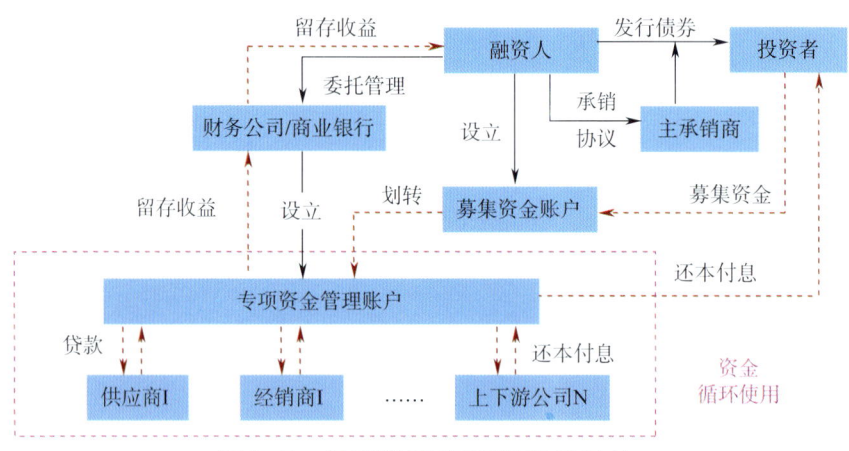

图4-5 供应链融资票据产品结构

■ **特征**

• 在交易结构上，供应链融资票据一般由核心企业发行；

• 募集资金委托财务公司或商业银行管理，设立专项资金管理账户，为上下游企业提供融资服务；

• 通常对供应链内企业贷款期限要短于供应链融资票据的期限，这样当部分企业贷款到期后回收的资金还可以继续用于对下一家企业进行贷款。

五、信息系统建设

（一）公开发行产品孔雀开屏系统

1. 系统研发背景

为发挥注册制高效运行优势，交易商协会发挥金融科技推动产品服务和管理模式的创新，组织市场成员打造全流程线上化的新一代注册发行信息系统——公开发行产品孔雀开屏系统（简称孔雀开屏系统），不断夯实注册制核心制度基础，保障投资者合法权益。

2. 系统功能简介

新一代公开发行产品孔雀开屏系统是支撑注册发行业务线上开展及企业注册债务融资工具各类文件的全程披露的信息体系，由注册发行业务管理和项目文件公开披露两部分组成。

（1）注册发行业务管理

为市场成员提供互联网端项目报送窗口，实现项目受理、项目预评、注册会议、线上发文、市场发行等环节全流程线上化。记录业务开展过程中全环链数据信息，为使用者提供项目进度实时展示，并在关键时点发送短信提醒，便于主承销商及时掌握项目进展；通过通知公告、互动答疑等模块，拓宽信息传递渠道，构建市场成员与协会线上沟通交流平台。

（2）项目文件公开披露

面向公众全程披露企业注册债务融资工具所提交文件及反馈意见往来函件，并设置搜索功能，方便使用者对注册状况进行分类查询。信息公开的受众包括发行人、投资者、中介服务机构、社会媒体等在内的社会各方，方便使用者跟踪了解发行注册信息，监督和约束注册工作行为。

图5-1　公开发行产品孔雀开屏系统项目报送界面

图5-2 公开发行产品孔雀开屏系统信息展示界面

（二）定向发行产品孔雀开屏系统

1. 系统研发背景

为进一步推进定向债务融资工具注册发行工作规范、高效、透明，强化市场约束监督，提高市场运行效率，规范参与主体信息披露行为，完善债务融资工具市场基础设施，进而更好地服务于实体经济，组织市场成员研究建设定向发行产品孔雀开屏系统，以实现定向债务融资工具注册、发行阶段信息定向展示，保护定向投资人合法权益。

2. 系统功能简介

定向发行产品孔雀开屏系统优化了定向发行注册工作流程，实现"线上注册不落地"及注册文件实时定向开屏，提升注册工作效率和透明度，进一步夯实了以信息披露为核心，中介机构尽职履责、投资者风险自担为基本特点的注册制理念。

（1）定向注册发行业务管理

为市场成员提供互联网端项目报送窗口，实现项目受理、项目预评、线上发文、市场发行等环节全流程线上化。记录业务开展过程中全环链数据信息，为使用者提供项目进度实时展示，并在关键时点发送短信提醒，便于主承销商及时掌握项目进展；通过通知公告、互动答疑等模块，拓宽信息传递渠道，构建市场成员与协会线上沟通交流平台。

(2) 项目文件定向披露

定向发行注册文件及进度信息及时、定向展示。定向发行产品孔雀开屏系统按照公开、规范、透明的原则，实现定向发行产品注册各环节文件及进度信息的及时、定向开屏，相关主承销商、发行人、定向投资人可通过系统查询注册文件、了解项目进度，实现线上留痕；主承销商可通过系统通知、短信提醒等功能及时获知项目最新进展。结合系统功能，协会将与注册发行业务各相关方形成良性互动，全面提升自律服务水平。

图5-3　定向发行产品孔雀开屏系统项目报送界面

五、信息系统建设

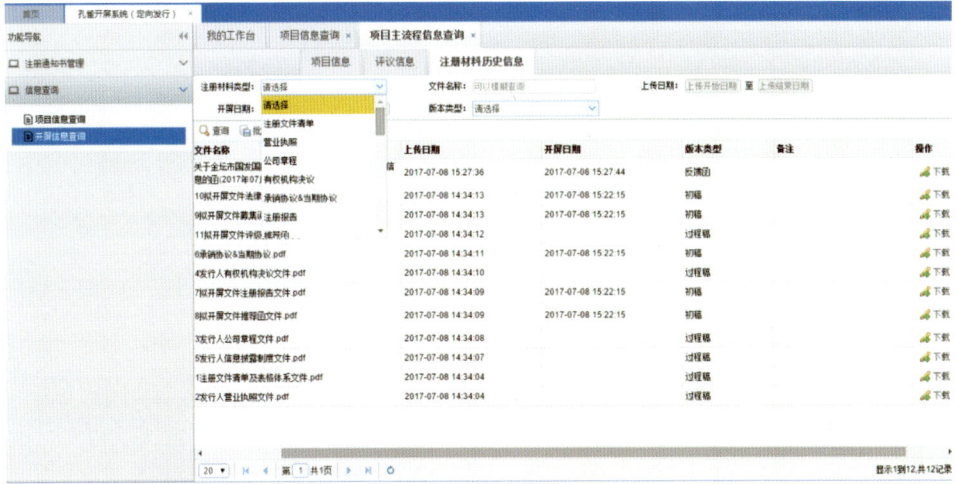

图5-4　定向发行产品孔雀开屏系统投资人展示页面

(三) 综合服务信息系统

为满足各类市场主体的信息需求，更好地引导市场主体行为，切实增强信息技术对业务的支撑作用，交易商协会充分挖掘信息系统资源，逐步推进综合业务和信息服务平台建设，为市场参与者提供注册、发行、信息披露等"一站式"信息服务。

目前，"综合业务和信息服务平台"已实现集中簿记建档、发文流程电子化及线上咨询服务、业务信息推送等功能，线上化服务对象已覆盖全部主承销商和多家发行人，并逐步推进注册环节线上化建设，完善协会信息服务及管理功能，为协会信息化工作打下坚实的基础。

1. 系统研发背景

为进一步提高注册工作效率，搭建与发行人直接沟通的桥梁，保证信息传递的准确性和及时性，根据协会系统信息化工作整体部署，交易商协会授权北金所依托"中国银行间市场交易商协会综合业务和信息服务平台"开发了"注册通知书推送和互动答疑"系统模块，通过该模块可实现发文流程电子化并提供线上咨询服务。

2. 系统功能简介

"注册通知书推送和互动答疑"模块有两大功能：一是实现了注

册通知书的电子版推送；二是实现了工作人员在线答疑的功能。

发行人和主承销商通过相关模块线上领取电子版注册通知书。同时，也可通过互动答疑模块与内部工作人员在线问答与互动。

发文流程电子化将注册工作与互联网有机结合，提高《接受注册通知书》发文效率，节省时间、人力和物力成本，满足发行人便捷化的融资需求。线上咨询服务有利于提高信息传递的准确性和及时性，提升注册发行工作服务水平。

附　表

《银行间债券市场非金融企业债务融资工具信息披露规则》

《银行间债券市场非金融企业债务融资工具中介服务规则》

《银行间债券市场非金融企业债务融资工具注册发行规则》

《银行间债券市场非金融企业债务融资工具非公开定向发行规则》

《银行间债券市场非金融企业债务融资工具募集说明书指引》

《银行间债券市场非金融企业债务融资工具尽职调查指引》

《银行间市场非金融企业债务融资工具发行规范指引》

《银行间债券市场非金融企业短期融资券业务指引》

《银行间债券市场非金融企业中期票据业务指引》

《银行间债券市场非金融企业资产支持票据业务指引》

《银行间债券市场非金融企业项目收益票据业务指引》

《银行间债券市场非金融企业绿色债务融资工具业务指引》

《银行间债券市场非金融企业债务融资工具主承销商后续管理工作指引》

《银行间债券市场非金融企业债务融资工具突发事件应急管理工作指引》

《非金融企业债务融资工具簿记建档发行规范指引》

《银行间债券市场非金融企业债务融资工具公开发行注册工作规程》

《非金融企业债务融资工具簿记建档业务操作规程》

《非金融企业债务融资工具公开发行注册文件表格体系》

《银行间债券市场非金融企业债务融资工具承销协议文本》

《银行间债券市场非金融企业债务融资工具承销团协议文本》

《非金融企业债务融资工具标准分销协议文本》

《银行间债券市场非金融企业债务融资工具承销人员行为守则》

《银行间债券市场非金融企业债务融资工具撤回注册文件操作细则》

《银行间债券市场非金融企业债务融资工具注册发行工作约见谈话操作细则》

《银行间债券市场非金融企业债务融资工具注册专家管理办法》

《注册发行工作人员行为守则》

《投资人保护条款范例》

后 记

为进一步提升债务融资工具注册发行工作效率和质量，便于发行人、投资人、中介机构等市场参与者更加全面深入地了解债务融资工具市场，根据市场成员的意见和建议，协会2016年编写了《债务融资工具注册发行操作手册》（2016版）（以下简称《手册》）。《手册》详细介绍了债务融资工具产品体系、注册发行流程及信息系统建设等，内容丰富、图文并茂，得到了市场参与者的较好评价。自《手册》推出以来，协会严格按照党中央、国务院关于发展债券市场的政策要求，根据市场发展最新情况，持续优化注册发行机制，日益完善信息披露要求，适时推出市场创新产品，不断强化投资者保护机制，推动了债务融资工具市场平稳健康发展，对优化社会融资结构、降低企业融资成本、服务实体经济发展发挥了积极作用。本次协会根据最新的市场变化情况对《手册》内容进行了修订，着重更新了近期推出的创新产品、优化完善的注册发行流程及投资者保护条款等内容，希望《手册》的修订对服务市场参与者、服务债券市场发展有所裨益。本手册只是一个简明的概括和参考，具体相关内容以协会正式发布的规则指引等规范性文件为准。书中错漏不足之处，恳请批评和指正。

下一步，协会将认真贯彻落实党的十九大报告、第五次全国金融工作会议及2017年中央经济工作会议精神，紧紧围绕服务实体经济、防控金融风险、深化金融改革三项任务，不断优化完善债务融资工具注册发行机制，切实保护投资者合法权益，持续提升债务融资工具服务实体经济的效率和水平。

《债务融资工具注册发行操作手册》编委会